Franz von Ržiha

Das Dynamit und seine kulturhistorische und technische Bedeutung

Eine Denkschrift anlässlich der ungarischen Millenniumsausstellung

Franz von Ržiha

Das Dynamit und seine kulturhistorische und technische Bedeutung
Eine Denkschrift anlässlich der ungarischen Millenniumsausstellung

ISBN/EAN: 9783743652903

Hergestellt in Europa, USA, Kanada, Australien, Japan

Cover: Foto ©Andreas Hilbeck / pixelio.de

Weitere Bücher finden Sie auf **www.hansebooks.com**

Das Dynamit

und

seine culturhistorische und technische Bedeutung.

Eine Denkschrift

anlässlich

der Ungarischen Millenniums-Ausstellung 1896.

1896.

Verlag der Actien-Gesellschaft Dynamit Nobel.

Druck von R. Spies & Co., Wien.

Inhalt.

67347

Das Dynamit.

1. Die culturelle Bedeutung der Sprengarbeit.

Die technischen Wissenschaften verfolgen das hohe Ziel, die Naturkräfte in den Dienst der Menschheit zu stellen. Dazu sind dreierlei geistige Arbeiten nothwendig, nämlich die A u f s u c h u n g der Naturkräfte, die E r f o r s c h u n g ihrer Gesetze und die E r - f i n d u n g der Mittel zu der Uebertragung ihrer Arbeit. An diesen drei Problemen arbeiten die Denker aller Jahrtausende und der jeweilige Zustand des Versuches ihrer Lösungen charakterisirt die Cultur der Völker. Die Erfindungen sind also keine Entdeckungen, sondern gleichen einer mathematischen Wurzel, welche dem Zwange des Culturfortschrittes unterliegend, aus der Summe vorherge- gangener geistiger Thätigkeit und Mühe gezogen wird; und von ihnen sagt Klopstock sehr treffend:

„Wer unruhvollen, hellen Geist hat, scharfen Blick
Und auch viel Glück:
E n t d e c k t.
Doch wer, um Mitternacht vom Genius geweckt,
Urkraft, Verhalt und Schönheit tief ergründet:
Der nur e r f i n d e t."

Unter diesen Erfindungen, welche seit dem Beginne des XIV. Jahrhunderts gemacht worden sind, und welche unsere heutige Cultur zu einer ungeahnten Grösse aufgebaut haben, sind es insbesondere das Aufkommen des Compass durch Giovi (1302), die Buchdruckerpresse durch Gutenberg (1450), die Herstellung des Fernrohres durch Lippershey (1608), d a s Z e r s p r e n g e n d e s G e s t e i n s m i t t e l s t P u l v e r d u r c h M a r t i n W e i g e l (1613), das Eisenschmelzen mittelst Steinkohlen durch Darby (1713), die Vollendung der Dampfmaschine durch Watt (1778), die Aufstellung der Oxydationstheorie durch Lavoisier († 1794), das Telegraphiren durch Sömmering (1809), die Schaffung der Locomotive durch

Stephenson (1814), die Gesteinsbohrmaschine durch Bartlett (1855), und neuester Zeit die verschiedenartige Ausbeutung der Elektricität vornehmlich durch die Brüder Siemens. Der Compass schuf die Seewege langer Fahrt und zog Amerika herbei; der Buchdruck nivellirte die Geister; das Fernrohr erweiterte die menschliche Welt; das Gesteinsprengen schuf die Herrschaft über das Felsgestein; der neue Schmelzprocess lieferte die Industrie des Eisens; Watt befreite die Menschen von thierischer Arbeit; Stephenson schuf den schnellen Massenverkehr; Lavoisier gestaltete die Chemie zur Industrie; Sömmering löste nahezu das Götterproblem von Zeit und Raum; Bartlett lieferte die Eile in dem Wegreissen des Felsgesteines und die beiden Siemens bändigten eine Urkraft, vor der einst Griechenland und Rom in Zittern fiel. Welcher dieser Erfindungsfactoren der wichtigste sei? Diese Frage ist eine müssige; denn das Culturresultat strömt aus der Multiplication von allen.

Ein Factor aber muss hier besonders hervorgehoben werden, weil er in den verschiedenen Culturgeschichten immer noch übersehen wird, nämlich der des umfangreichen Gesteinsprengens. Wir finden in der Literatur überall die Wirkungen des Pulvers zu Zwecken des Krieges und der thierischen Vernichtung geschildert und kritisirt, seltestens aber seine Wohlthat der Massenvernichtung des Felsgesteines, also diejenige der vollen Herrschaft über die Scholle, auf welcher und von welcher wir leben. Und doch ist gerade diese eine Cardinalbedingung für die Erreichung der hohen Culturstufe gewesen, auf welcher wir uns nach mühsamen technischen Ringen zur Zeit befinden.

Dass dieses Gesteinsprengen mittelst der elementaren Kraft eines plötzlichen Gasdruckes überhaupt erst im XVII. Jahrhunderte aufkam, ist eine der grössten Merkwürdigkeiten in der Culturgeschichte; denn die Schleuder- und Sprengkraft des Pulvers war nachweislich schon in den ältesten Zeiten bekannt. Die neuere Forschung hat längst dargethan, dass der Freiburger Franziskaner-Mönch Berthold Schwarz (um 1259 oder nach Anderen 1330) keineswegs das Pulver, höchstens nur eine bessere Dosirung desselben erfunden hat. Es wurden nämlich der Chronisten zufolge Steine unter Donner und Blitz schon 1085 vor Toledo, 1147 vor Lissabon, 1148 vor Saragossa, 1195 vor Silvas 1219 vor Requenna und 1229 vor Malorca geschleudert, und neuestens hat der Wiener Professor Dr. Karabaček streng historische Quellen aufgefunden, dass die Araber schon 1265 vor Caesarea in Syrien Geschütze gebrauchten, so dass die Erfindung des Pulvers weder für den Benedictiner Roger Bacon (1214—1292), noch für den Dominikaner Albertus Magnus, Graf von Bollstädt (1193—1280) in Anspruch genommen werden kann. Aus der historisch festgestellten Thatsache, dass das 1613 aufgekommene Gesteinssprengen nur nach dem Bemühen einer fast hundert Jahre langen Zeit erst zu Ende des XVII. und im Anfange des XVIII. Jahrhunderts allgemein eingeführt wurde, erklärte sich in Wirklichkeit die grosse Stockung in der Entwicklung der wirthschaftlichen Cultur während des Mittelalters, oder mit anderen Worten der Aufschwung derselben seit der Zeit nach dem dreissigjährigen Kriege. Infolge dieser historischen Erscheinung ist es klar, dass die Alten die grössten Mühen hatten, das feste Felsgestein mit Schlägen zu zertrümmern, oder es mit Keilen zu zerspalten, mit Schlägel und Eisen mühsamst auszumeisseln, oder mit Feuer zu zerklüften, wie es schon im Buche Hiob steht. An der überaus grossen Müheseligkeit, Kostspieligkeit und Langsamkeit dieser fundamentalen Arbeiten krankte daher auch vornehmlich aller Wege-, Fluss- und Canalbau, also indirect der Verkehr, insbesondere aber die Urquelle unseres Wirthschaftslebens, der Bergbau; denn die Natur hält ihre grössten Schätze am festesten umklammert.

Die Römer verstanden es, ausgezeichnete Strassen in der Ebene zu bauen, aber ihre Wege in die Alpen mussten sie sehr steil, schmal und arg gewunden in die Felsen hauen, wie es heute noch der berühmte Römerweg über die Radstädter Tauern zeigt. Dadurch war im Hochgebirge ihr Wagenverkehr unterbunden und mit diesem Umstande auch ihre andauernde Herrschaft nordwärts der Alpen. Thatsächlich ist auch der Bau der Strassen in dem Hochgebirge erst mit der allgemeineren Anwendung der Sprengarbeit aufgekommen. Frankreich, welches zwar schon 1285 Gesetze über Strassenbauten besass, und unter Heinrich IV. († 1610), sowie unter Ludwig XIII. († 1643) den Strassenbau in der Ebene ungemein förderte, konnte doch erst unter dem grossen Colbert († 1683) das Gebirge modern besiegen. Der gelehrte Albrecht von Haller († 1777) vermochte noch in seiner Verherrlichung der Schweizer Alpen auszurufen: „Ueber die Alpen geht kein Rad." Bis dahin bestanden dort nur Saumwege und deren Verbesserungen mittelst Sprengarbeit begannen erst 1696 am Bergünerstein im Albulapasse; 1707 im Urnerloche am St. Gotthard; 1736 am Leukerwege und 1738 in der Via Mala des Splügenpasses, welcher bis 1470 überhaupt nicht gangbar gewesen ist. Von Interesse ist es auch, zu bemerken, dass der Strassentunnel d u r c h den Col du Tenda zwischen Genua und Nizza zwar schon 1450 durch Anna von Lusignan begonnen worden war, jedoch der Schwierigkeiten halber liegen blieb und erst 1782 und 1794 wieder mittelst Sprengarbeit angegriffen wurde. Der älteste Weg über den Semmering wurde erst 1728, jener über den Brenner erst 1772 verbessert. Im Sinne der neuen Zeit und nur mit Hilfe der Sprengarbeit erschienen erst die jetzigen modernen Strassen am Simplon 1801 bis 1807, am Mont-Cenis 1803—1810, am Splügen 1818—1824, am Bernhardin 1819—1823, am Stilfser Joch 1820—1824, im Ampezzo 1823—1824, am St. Gotthard 1820—1830 und um dieselbe Zeit am Semmeringe und dem Brenner.

Der F l u s s b a u weist dieselben Hemmnisse bis zur Zeit der Sprengarbeiten auf. Als markante Beispiele dafür dienen der Rhein und die Donau.

Zur Zeit der Carolinger, der drei Ottonen und der Salischen Kaiser waren am linken Ufer des alten, deutschen Rheines neben den Pfalzen von Hagenau, Trifels, Tribur bei Speyer, Kaiserslautern und Ingelheim, die Haupt-Rheinstädte Basel, Strassburg, Speyer, Worms, Mainz, Coblenz und Köln und einwärts im Lande des weltbedeutende Aachen und Trier entstanden; am rechten Ufer war Frankfurt bis in das XIII. Jahrhundert hinein von den Hauptorten das alleinige Gegenüber. Alle diese Orte, entstanden auf römischen Trümmern, waren vorerst Ruheplätze des über die Alpen gekommenen Christengeistes und nahmen durch die Reisen der Fürsten nach der heiligen Roma, durch die Kriegszüge der Deutschen und durch den Handel über die Bündtner Pässe von der transalpinen, sonnigen Lombardei den Geist der bürgerlichen Vereinigung, den nicht einmal Barbarossa dort hatte tödten können und den Dante gefeiert hatte, mit herüber nach dem Norden. So bildete sich an den Ufern des Rheines, der besungen wurde seit den Nibelungen, jenes urkräftige deutsche Städtewesen aus, das den dritten Stand im Staate, das unerschütterliche deutsche Bürgerthum schuf, welches Kaiser, Kirche und Fürsten zur Achtung zwang, und welches der sittige Ausgang war zu den Städtegründungen im übrigen Reiche.

Handel und Wandel gedieh nun allerorts in Mitteleuropa und die B i n n e n s c h i f f a h r t gestaltete sich zum Hauptverkehre. Da kam auch, etwa im XVI. Jahrhundert, die Zeit der grossen

Handelsherren, der Fugger und der Welser, wo der Verkehr jene Höhe erreicht hatte, welche eine Erweiterung der Häfen, eine Sicherung der Flussufer, einen Schutz der Städte gegen die Hochwässer, eine Einengung einzelner Stromstellen zur Zusammendrängung des Fahrwassers, insbesondere aber eine Aussprengung der Schiffahrtshindernisse unausweichlich machte. Am Rhein waren es vorzugsweise die Felsenbänke im Bingerloche, das wilde Gefährt bei der Pfalz, die Lurley-Passage und die Riffe bei St. Goar, welche schon den Römern als wunde Flecke galten. Bereits zu den Zeiten der Merovinger und Karl d. G., der die Holzbrücke bei Mainz geschlagen hatte, war man bemüht gewesen, diese Felsenspitzen abzubrechen. Der Mainzer Erzbischof Hatto II. (968), die Rheingrafen im XI. Jahrhundert und die Erzbischöfe im XIII. Jahrhundert liessen weiter daran arbeiten ; allein die berüchtigten Hindernisse waren noch immer so arg, dass nur eine beladene Thalfahrt möglich war und bei der Bergfahrt die Güter zwischen Bacharach und Bingen und zwischen Lorch und Assmanns-hausen umgeladen und über die steilen Hänge des Niederwaldes gefahren werden mussten, welchem Umstande auch die Stapelplätze Bacharach und Lorch ihren Aufschwung verdankten. Im XIV. und XV. Jahrhundert bemühten sich die Curfürsten von Mainz neuerdings um die Fahrbarmachung insbesondere im Bingerloche ; allein ebenfalls ganz erfolglos. Erst der Sprengprocess des XVII. Jahrhunderts griff helfend ein und innerhalb des Zeitraums von 1631 bis 1647 schossen die Schweden und Franzosen dort Felsenklippen ab. Zu Ende des XVII. Jahrhunderts vereinigte sich das Frankfurter Handlungshaus Stockheim mit holländischen Kaufherren um in der Felsenbarre eine 20 Fuss breite Durchfahrt mit Pulver auszusprengen ; allein erst 1829—1831 schuf die preussische Regieruug mittelst Pulversprengung eine 210 Fuss breite Fahrt, welche seitdem immer noch mit grossen Kosten erweitert und vertieft wird. Die Hindernisse am Rhein vermochten also thatsächlich erst seit der Zeit der Sprengarbeit bewältiget zu werden. Das Gleiche gilt von der Donau. Im Laufe dieses Stromes finden sich besonders zwei felsige Katarakte, welche die Schiffahrt von jeher ausserordentlich beeinträchtigt haben, nämlich die Riffe bei Grein und jene am eisernen Thore. An den ersteren konnte vor der Zeit der Sprengarbeit fast gar keine Abhilfe geschaffen werden. Nach dem Aufkommen derselben wurde jedoch in den Jahren 1770—1782 daran ganz erheblich gearbeitet, und wurden weitere Sprengungen zwischen 1821—1839, dann 1867 und in der neuesten Zeit sehr erfolgreich durchgeführt. Die Hindernisse am eisernen Thore blieben nicht nur in der Römerzeit, sondern bis in die technisch und staatlich erhöhte Gegenwart hinein bestehen, und die ehemalige Hilflosigkeit in ihrer Beseitigung zwang sogar Trajan zur Ausmeisselung der dieselben umgehenden berühmten Felsenstrasse.

Auch der C a n a l b a u gelangte erst mit der Zeit des Gesteinssprengens in maassgebenden Aufschwung. Die Römer mussten ihn im gebirgigen Terrain ganz vernachlässigen und Karl d. G. musste seine bei Altmühl 793 begonnene Arbeit eines Donau-Rhein-Canales wegen Unzulänglichkeit der technischen Mittel wieder aufgeben. Eben aus demselben Grunde vermochte auch Karl IV. seine Idee eines Canales zwischen Moldau und Donau nicht durchzuführen.

Die S c h i f f a h r t s c a n ä l e, welche im XI. Jahrhunderte in Norditalien, und dann zwischen 1288 und 1390 in Norddeutschland und 1492 bis 1516 von Leonardo da Vinci in der Lombardei und in Südfrankreich gebaut und projectirt worden waren, lagen alle in erdigem Terrain und thatsächlich konnte Colbert an den Bau des Languedoc-Canales (1666—1680) erst deshalb schreiten, weil zu dieser Zeit schon die Sprengarbeit bestand. Mit dem Auftreten dieses Arbeitsmittels trat der Canalbau auch sofort in umfangreichem Maasse auf, wie dies die Entstehungen des Givors-Canales (1770), des Centre-Canales (1782), der Wasserverbindung zwischen Sankey und Mersey (1755), des Bridgewater-Canales (1758—1777), des Great-Trunk-Canales (1766—1777) und des Great-Jonction-Canales (1798) lebhaft beweisen.

Am meisten tritt jedoch der culturelle Aufschwung des B e r g- b a u e s seit der Zeit der Einführung der Sprengarbeit auf. Zur Steinzeit war derselbe ohne alle Bedeutung, zur Bronzezeit ganz vereinzelt und selbst im Beginne der Eisenzeit bis herein in die römische Zeit noch sehr spärlich. Erst zur Zeit der drei Ottonen hob sich seine geographische Verbreitung und die Blüthe zur Zeit Karl IV. bis Maximilian I. galt mehr der Imponirung der Edelmetalle, als der Massenproduction; denn die letztere war vor der Zeit der Sprengarbeit vollkommen unterbunden. Schaffte doch der ganze Bergbau des preussischen Staates 1795 nur etwa 75.000 m^3 Masse aus der Erde, also kaum der zehnte Theil eines heutigen grossen Eisenbahneinschnittes. Die Mühe war eben vor der Zeit der Sprengarbeit zu gross, geradezu unsäglich und viele Werke

mussten einzig und allein wegen der zu bedeutenden Gesteinsfestigkeit eingestellt werden. Waren schon zur Zeit der Römer
die Arbeiten unter der Erde so schwierig gewesen, dass Claudius
zu seinem 5187 m langen engen Stollen für die Entwässerung des
Lacus fucinius, wie Herodot berichtet, 30.000 Menschen durch
11 Jahre vornehmlich mit dem Heraustragen der Massen durch
viele schräge Schächte zu beschäftigen gezwungen war, so legen
auch u. A. die Werke am Harze Zeugnis von den colossalen
Schwierigkeiten zur Zeit des späten Mittelalters ab. Der 9168 m
lange sogenannte 19 Lachter-Stollen benöthigte von 1535 bis 1685
nicht weniger als 150 Jahre Bauzeit; der 9260 m lange 13 Lachter-
Stollen erforderte 108 Jahre Bauzeit von 1526 bis 1634.

Mit der Einführung des Sprengprocesses konnte dagegen der
tiefe Georg-Stollen am Harze bei 19.000 m Länge schon binnen
22 Jahren (1777—1799) aufgeschlossen werden; und zu unserer
Zeit wurde am Harze der drei deutsche Meilen lange Ernst August-
Stollen in 13 Jahren (1851—1864) aufgefahren und förderte allein
der preussische Bergbau im Jahre 1876 die Cubatur von rund
1300 Millionen Cubikmeter Masse aus der Erde.

So lässt sich durch diese wenigen und gedrängten Dar-
stellungen deutlich beweisen, dass die Sprengarbeit eines der allergrössten Hilfsmittel ist, um der Masseuproduction und der culturell
so nothwendigen Zeitersparung gerecht zu werden. Ja, wir vermögen
sicher zu behaupten, dass ohne die Sprengarbeit, trotz allem Aufschwunge des Maschinenwesens, den Forderungen der heutigen Cultur
in Sachen des Bergbaues, des Wasserbaues und Strassenbaues gar
nicht nachgekommen werden könnte, und dass die zwei grössten
Culturmittel unserer Tage, die Eisenbahnen und die Industrie sofort versiegen müssten, wenn der Process der Gesteinssprengung
abhanden käme.

II. Die Einführung und Vervollkommnung der Sprengarbeit.

Nach den Studien des Freiberger Professors Gätzschmann
wird dem sächsischen Oberbergmeister Martin Weigel (geb. 1555,
† 1618) die Erfindung des Bohrens und Schiessens (wie anfänglich
die Sprengarbeit bezeichnet wurde) zugeschrieben, allein auch constatirt, dass zur Zeit Weigel's diese Arbeit im Freiberger Reviere
praktisch noch nicht zur Geltung kam. Thatsächlich geben auch
unsere vier ältesten Bergwerksbücher: das Tiroler Bergwerksbuch

von Ettenhard (1555), dann Agricola de re metallica (1556), ferner die Sarepta des Mathesius (1562) und Löhneissen's Bericht vom Bergwerke (1617) noch gar keine Nachrichten vom Gesteinssprengen mittelst Pulver, während in diesen Büchern die Arbeit mit Schlägel und Eisen und mittelst des Feuersetzens ganz ausführlich geschildert und durch Zeichnungen belegt erscheint und ihrer zum ersten Male in dem nächstfolgenden Lehrbuche des Bergbaues, dem hellpolirten Bergbauspiegel von Balthasar Rössler (1700) gedacht wird. Auch muss bemerkt werden, dass in dem Přibramer Inventare von 1615 noch keine „Bohrer" erscheinen. Die älteste Urkunde über den Gebrauch des Sprengens mittelst Pulver ist vielmehr diejenige, welche in den Acten des ungarischen Berggerichtes Schemnitz vorhanden ist und von Balas*) publicirt wurde.

Diese überaus wichtige Urkunde ist ein am Pieperstollen bei Schemnitz aufgenommenes amtliches Protokoll des kaiserlichen Berggerichtes vom 8. Februar 1627, in welchem dargelegt wird, dass die Commission das „Sprengwerk des Bergmannes Kaspar Weindl" (welcher nach neueren Forschungen aus Tirol gerufen worden sein dürfte), geprüft und seinen Nutzen nur theilweise anerkannt hat, weil das Sprengen die anderen Arbeiten zu sehr störe. Thatsächlich hat diese hochwichtige Neuerung in der Arbeit auf dem festen Gesteine, wie alle grossen Erfindungen, nur einen äusserst langsamen Eingang erfahren. Die Ursachen waren auch mannigfach. Zuerst war das Bohren der Löcher ungemein langsam und kostspielig, denn man machte sie im Anfange 60 *mm* (gegen 22—30 *mm* zur Zeit) weit. Dann wurde das Bohrloch anfänglich mit Holzpflöcken verspundet, welche, damit sie nicht herausgeschleudert werden konnten, an eine gegenüberstehende, nicht immer passend vorhandene Wand verbolzt werden mussten. Ferner gestaltete sich jeder Schuss nicht nur wegen des kostspieligen Bohrens, sondern auch wegen der zeitraubenden Nebenumstände und wegen der Kostspieligkeit des Pulvers sehr theuer. Weiters lag die Besorgnis vor der grossen Erschütterung der Grubengebäude vor, weil die Löcher im Anfange ungemein stark geladen wurden, denn im Jahre 1844 betrug im Freiberger Reviere die einzelne Ladung noch zwei Pfund. Schliesslich lag auch die Gefahr der Manipulation mit Pulver vor. Diese Ursachen ergaben, dass das Sprengen, welches 1632 am Harze, erst 1643 im Erzgebirge und erst 1670 in

---

England und 1724 in Schweden beide Male durch deutsche Bergleute eingeführt wurde, sich sehr langsam Bahn brach. Die Grube Hohe Birke bei Freiberg verbrauchte in den Jahren 1644 erst 117 Pfund und 1675 erst 300 Pfund Pulver, und im ganzen sächsischen Erzbergbaue wurde 1675 nur 99 Centner Pulver verschossen. Die Culturforderung nach der Verbesserung des neuen Mittels für die Ueberwindung des Felsgesteines war aber dennoch gegeben und wurden im Verlaufe der Jahrhunderte im Wesentlichen die folgend verzeichneten Vervollkommnungen eingeführt.

1. Vor Allem bemühte man sich, die Verspundung der Ladung mit den sogenannten Schiesspflöcken abzuwerfen. Dies gelang zuerst in Sachsen, indem dort seit 1685 die Verdämmung mit Letten eingeführt wurde.

2. Dann wurde die Ladung ermässigt, indem man die Dimension der Bohrlöcher seit 1696 auf 40 mm herabsetzte.

3. Im Jahre 1720 führte man am Harze das einmännische Bohren ein; d. h. das Bohrloch wurde nur von einem einzelnen Manne hergestellt; denn bis dahin waren bei jedem Loche zwei und drei Mann zum abwechselnden Schlagen verwendet worden.

4. 1749 wurde durch ungarische Bergleute am Harze der Meisselbohrer eingeführt; bis dahin hatte man dort mit dem schwer zu schärfenden Kronenbohrer gearbeitet, dessen Spitzen eine aus vielen Schneiden zusammengeschmiedete Krone bildeten.

5. 1767 wurde das Gesteinssprengen „aus dem Ganzen“ in Sachsen eingeführt. Bis dahin hatte man nur e i n z e l n e Schüsse als H i l f s a r b e i t vorgenommen.

6. 1823 sprengte der Engländer Harris einzelne Schüsse mittelst des elektrischen Funkens, und 1831 der Engländer Shaw gleichzeitig mehrere Schüsse. In der österreichischen Geniewaffe wurde die elektrische Zündung in den Sechzigerjahren von Ebner eingeführt. Später verbesserten Abegg, Bornhardt und Tirmann dieselbe.

7. 1831 kamen die von dem Engländer Bickford erfundenen Zündschnüre auf. Bis dahin hatte man mit einer anfänglich eisernen, später messingenen Nadel den Raum des Zündcanales im Lettenbesatze ausgespart, und bei dem Herausreissen dieser Nadel zum Zwecke des Einführens der Zündfäden oder der mit Pulver gefüllten Schiessröhrchen, Raketen u. s. w. immerwährende Unfälle zu beklagen.

8. Im Jahre 1683 hatte Henning am Harze versucht, die
Bohrlöcher maschinell auszumeisseln; 1803 traten Gainschnigg im
Salzburgischen und 1813 Trevithick in Amerika mit solchen
Maschinen auf; 1844 hatte Brunton theoretisch proponirt, derlei
Maschinen mit comprimirter Luft zu betreiben; allein der Engländer
Bartlett ist 1855 anlässlich des Tunnelbaues durch den Mont Cenis
der Erste gewesen, welcher eine gangbare Gesteinsbohrmaschine
mittelst Dampfkraft betrieb. Colladon in Genf proponirte 1855 diesen
Betrieb mittelst comprimirter Luft und Sommeiller, Grandis und
Grattoni begannen 1861 den gegenwärtigen maschinellen Bohrbetrieb,
welcher seitdem ganz ausserordentlich verbessert wurde. 1876
führte der Hamburger Ingenieur Brandt im Sonnsteintunnel am
Traunsees seine drehend arbeitende Bohrmaschine maassgebend ein.

9. 1863 trat Nobel mit dem neuen Sprengmittel des Nitroglycerins und 1868 des Dynamites auf.

Zu diesem praktischen Aufschwunge der Sprengarbeit hat aber
jederzeit die Wissenschaft das Fundament und die Steine zum
Weiterbaue geliefert.

Schon 1397 waren Kriegsminen vor Merat, 1441 vor Belgrad
und 1500—1503 vor Neapel, hier durch Pedro Navarra, in Anwendung gebracht worden. Der Minenkrieg war durch die Türken
1523 vor Rhodus, 1529 vor Wien und 1565 vor Malta in Aufschwung gekommen, hatte insbesondere in dem dreissigjährigen und
in den französischen Kriegen sich ungemein erweitert, und die Bedeutung dieses technischen Processes erregte von da ab den wissenschaftlichen Geist der Franzosen, Deutschen, Engländer, Schweden
und Oesterreicher.

Zu dieser Zeit war die Naturpsilosophie des Aristoteles schon
längst gestürzt. Die Benedictinermönche Beda (671—735), Gerbert
(† 1003), Adelhard, Gerard v. Cremona (1114 bis 1187), Albertus
Magnus, Graf v. Bollstädt (1193—1280) und Roger Bacon (1214 bis
1292) hatten neue Naturanschauungen in den stillen Klosterschulen
gross gezogen; Leonardo da Vinci (1452—1519), Regio montanus
(1436—1476), Albrecht Dürer (1471—1528) und Kopernikus (1473 bis
1543) waren als nivellirende Geister in der technischen Wissenschaft erschienen; Purbach (1423—1461), Scipio Ferro (1496 bis
1525), Cardanus (1501—1575) und Vieta (1540) hatten die Mathe-
matik weiter gehoben, und das Cinque cento den Meister Galilei
(1564—1642) geboren. Die Lehren dieses Vaters der modernen In-
genieurwissenschaft, vereint mit denjenigen des Boyle (1626—1691),

Torricelli (1608—1647) und Newton (1626—1691) führten zur Förderung der Erkenntnisse in den technischen Dingen, welche sofort von den Meistern im Bergbaue und im Kriegsbaue aufgegriffen wurden. So entstanden die Theorien der Kriegsminen eines Megrigny (1686), Bogsdorf (1686), Lambion (1696), Vauban (1704) und Belidor (1735), und von nun ab, vorweg unterstützt durch die Pflege der 1747 zu Paris durch den grossen Colbert (1619—1683) gestifteten ersten Ingenieurschule, diejenigen von Meldecreuz (1749), Schröder (1764), John Müller (1757), Valiere (1759), le Febvre (1774) und Geuss (1776).

Die hiedurch gefundenen Erkenntnisse der Wirkung grosser Minen im Erdreiche schufen nun den wissenschaftlichen Weg zur Theorie der Minen im Kleinen, der Sprengschüsse, um mittelst der Anwendung der aufgefundenen Gesetze über Grösse der Kraft und über die Stellung der Ladung ein Maximum von materieller Wirkung bei einem Minimum von Ladung zu erzielen.

Die Folge war, dass schon 1790 die Ingenieure Wentzel und Dr. Bader zunächst die Errichtung eines Hohlraumes, oder wie die Bergleute sagen, die Einladung eines Luftbesatzes in und über der Ladung calculirten und experimentell erprobten. 1792 schuf Dr. Bader auf Grund seiner Minentheorie Bohrlöcher mit unten weiterem Durchmesser, wozu später Prideaux 1838 Knallgas anwandte, welches das Gestein ausbrannte. Der grosse Alexander von Humboldt schuf zur Zeit, als er noch Bergmeister war, 1795 ebenfalls unten erweiterte Löcher; und v. Schroll erprobte 1802 den Einfluss eines Luftraumes unterhalb der Ladung. Auf diese theoretischen Anfänge haben nun in der Gegenwart Hagen, Dr. Gurlt, Cullmann, der Oberst E. v. Rżiha und der Professor Höfer neuere Lehren aufgebaut, welche die Vorgänge der Gasarbeit im Gesteine beleuchten und dadurch die Praxis von Faustregeln und von lähmender Gewohnheit befreien.

Neben der Minentheorie baute sich erst in unserer Zeit die Mechanik der Bohrarbeit theoretisch aus, und wurden auf diesem Gebiete von Weissbach, Havrez, Nordenström, Höfer u. A. sehr wesentliche Arbeiten geliefert; auch wurden die wichtigen Probleme der Bohrfestigkeit und der Gesteinsverspannung eingehend bearbeitet, so dass heute das Gebiet der Sprengtechnik eine wissenschaftliche bedeutsame Erweiterung und Erhöhung zum Nutzen der praktischen Durchführung erfahren hat.

III. Die Geschichte des Dynamites.

Parallel mit dem Aufbaue der Hantirung der Sprengarbeit und mit dem theoretischen Einblicke in die Mechanik des Bohrens und Sprengens ist auch die chemische Wissenschaft seit jeher bemüht gewesen, die absolute Kraft des Sprengmittels zu erhöhen. Auch in dieser Richtung gibt es wie überall in der Wissenschaft keinen Sprung, sondern es vollzieht sich auch hier das Gesetz der Schwere der Gedanken, also das des langsamen Werdens. Um daher das gewaltige Ereignis der Auffindung des Dynamites richtig würdigen zu können, scheint es geboten, zunächst einen historischen Blick auf die Bestrebungen der Kraft-erhöhung des Sprengpulvers zu werfen.

Die Sage nach der Erfindung des Schiesspulvers verliert sich in der Dunkelheit und Unklarheit der Chronisten, welche wie fast usuell in allen technologischen Künsten, auch hier den Chinesen das Vorrecht einräumen.

Nach Meyer und Erdmann's Journal soll schon Julius Africanus im dritten Jahrhunderte Angaben über das Pulver machen und Hoyer citirt, dass der Grieche Kallinikus zur Zeit Constantins IV. von einer schrecklichen Mischung spricht, welches die Alten mit dem Worte „Naphta" bezeichneten und welches die Geschichte allgemein das griechische Feuer nennt. Jebb hebt hervor, dass der Benedictiner Roger Bacon in seinem „Opus majus" den Marcus Giachus (um 846) citirt, der von einer Mischung aus 1 Gewichtstheil Schwefel, 2 Kohle und 6 Salpeter spricht.

Um die Zeit der Kreuzzüge (1098—1291) frischen sich die Nachrichten über das räthselhafte griechische Feuer wieder auf und es unterliegt wohl dermalen, basirend auf das weiter erforschte Alter der Geschütze, keinem Zweifel mehr, dass sich die Mönch-schulen des Mittelalters, insbesondere seit der Zeit des Albertus Magnus, diesem Sonnenaufgange des Naturalismus, mit dem Pulver beschäftigt haben werden. Als ein Repräsentant dieser Zeit gilt der sagenhafte Franziscaner-Mönch Berthold Schwarz (um 1259 oder 1330), welcher als „Nigromantiker" oder Schwarzkünstler hingestellt wird und aus dem der Volksmund den Bartel Niger, und schliesslich den Barthel (Berthold) Schwarz construirte.

Mit dem Absterben der Alchemie tritt durch die Galilei'sche Schule historische Klarheit in Sachen des Pulvers auf und erfolgen in den Laboratorien die ersten Schritte zum Abwurfe der bis dahin gewohnheitsmässig gewesenen Mischungsverhältnisse des Pulvers. van Helmont der Jüngere (1618–1699), Huygens (1629–1690), Papin (1647—1714) und Andere vervollkommnen nämlich zunächst empirisch die Dosirungen.

Diesem ersten Acte der Wissenschaft folgt der zweite in Sachen der Beleuchtung der Vorgänge bei der Verbrennung und der gelieferten Gasmenge des Pulvers vermittelst der Studien eines Majow (1669), Stahl (1720), Robins (1742), Pristley (1774) und Scheel (1778). Daraus hervorgehend, schuf Lavoisier (1743, † 1794) durch die berühmten, zwischen 1777 bis 1788 vorgenommenen Versuche die neuere Schule, auf welche Fourcroy (1755—1809) und Berthollet (1784—1822) weiter bauten und die Zusammensetzungen des Pulvers zu dessen verschiedenen Zwecken kritisch fixirten. Nunmehr begannen auch die Abzweigungen in der Wissenschaft von Pulver und von seinen Wirkungen. Als erste muss Ende des XVIII. Jahrhunderts die Feststellung seiner Kraft durch die altfranzösische Pulverprobe angesehen werden, nach welcher ein zur Erreichung des Maxima, principiell unter 45° gestellter Mörser bei einer bestimmten Ladung l ein Geschoss vom Gewicht Q mit der Anfangsgeschwindigkeit v auf eine bestimmte Weite W nach der Gleichung

$$W = \frac{v^2 . \sin 2\,\alpha}{g} = \frac{v^2}{g}$$

werfen musste, woraus sich ohne Kenntnis der damals noch ungemessenen Elevations-Geschwindigkeit, abgesehen vom Luftwiderstande, die nützliche Arbeit des Schusses nach

$$A = \frac{Q\,v^2}{2\,g} = Q.\frac{W}{2}$$

und daher diese Arbeit, reducirt auf die Gewichtseinheit, nach

$$A_1 = \frac{Q . W}{2\,l}$$

rechnen liess.

Ein zweiter Wissenszweig begann mit den berühmten Untersuchungen Piobert's (1839) über die Verbrennungs-Geschwindigkeit und der dritte ist jener der oben angedeuteten Ausbildung der Theorie über das Wesen der Bildung, der Form und der Grösse des Sprengkörpers.

Während dieses Aufbaues rein wissenschaftlicher Erkenntnisse hatten sich historische Ereignisse vollzogen, welche laut nach einem weit kräftigeren Sprengmittel riefen. Bis zur Zeit

der französischen Kriege hatte sich die Fabrikation vorzugsweise
nur mit der Verwerthung des Pulvers zu Zwecken des Krieges
und der Jagd und weniger mit dem des Gesteinsprengens beschäftigt.
Unterdessen war aber mit Watt (1778) die praktische Dampfmaschine zur Ersetzung der menschlichen Arbeit; mit Fulton
(1807) das erste brauchbare Dampfschiff und mit Stephenson
seit der Eröffnung der ersten öffentlichen Eisenbahn von Stokton
nach Darlington (27. September 1825) die praktische Locomotive
erschienen. Diese drei Culturinstrumente begannen unser Jahrhundert der Technik aus dem Steine der Zeit zu meisseln. Watt
hatte, wie schon bemerkt, die moderne Industrie geschaffen; Fulton
die Continente zusammengezogen und Stephenson den Cultur-
pflug der Zeit in Bewegung gesetzt, von welchem der Engländer
Thomas Bucle so treffend sagt: „dass die Locomotive zur Ver-
brüderung der Menschen mehr beigetragen habe, als· alle Dichter,
Philosophen und Propheten vor ihr!" Bergbau, Wasserbau und
Strassenbau gewannen ein neues, bis dahin niemals gekanntes
Leben, die Eisenbahnen entstanden mit einer culturellen Eile, wie
eine solche kein Jahrhundert vorher in irgend einer menschlichen
Sache gekannt hatte; die Industrie wuchs zu einem Colosse empor
und der Handel erdehnte sich über die ganze bekannte Welt. Aber
all' dieser immense, materielle und dadurch auch der geistige Aufschwung der Menschheit ruhte unmittelbar auf der Nothwendigkeit
der ausgedehntesten Ergreifung der Scholle.

Immer tiefer und ausgedehnter musste der Bergbau in die
Erde dringen und immer nachhaltiger die festesten Erze herauf-
holen; die Strassen mussten trotz allem Felsgesteine breiter, glätter
und schlanker gestaltet werden und die Canäle und Eisenbahnen
waren in der Traçe an die mässigsten Steigungen und an die
grössten Krümmungsradien physikalisch gebunden. Keinem terri-
torialen Hindernisse durfte und konnte mehr ausgewiechen werden
und so erhob sich die Sprengarbeit zu dem obersten
Dictate alles materiellen Schaffens.

Somit kam nun die Zeit der gesetzmässigen Nothwendigkeit
der wissenschaftlichen Hervorbringung einer grösseren Kraft des
Mittels zum Sprengen. Auch in dieser Sache erscheinen wiederum
die Vorläufer. Die früher geschilderten Lufteinladungen von Baader
und Wentzel (1790) und von Schroll (1802) sind die ersten, und die
vergeblichen Versuche über die Benutzung des stärkeren Jagd-
pulvers zum Sprengen die zweiten; denn dieses stärkere Pulver

zeigte, dass die Gase bei vorzeitiger Rissbildung rapid ausströmten, bevor alle Ladung entzunden war. Man suchte nur vergeblich das Heil in Verlangsamung der Verbrennung überhaupt, mittelst Beimengung trockener Sägespähne, wie dies 1815 Varnhagen that. Dann kamen Piobert und Gales und mengten dem Sprengpulver vergeblich Kohlenstaub, beziehentlich Glasstaub bei, letzteres vornehmlich zum vermehrten Luftgehalte und zum Zwecke der Umspülung aller Pulverkörner mit dem vorschreitenden Feuer. Wesentlich besser wurde die Sache erst zur Zeit der Einführung der Bickfordschnüre 1831 ; denn diese vermieden, wie schon bemerkt, die rapide Ausströmung der Gase durch die ehemaligen Zündcanäle und hatten ausserdem den enormen Vortheil, die Ladung in mitten derselben entzünden, also zur volleren Verbrennung beitragen zu können. Allein alle diese technologischen Behelfe führten nicht zu dem erstrebten Ziele ; denn dieses war ein Problem, welches einzig und allein nur in den Laboratorien der modernen Chemie gelöst werden konnte.

Hier gebürt nun dem Franzosen Pélouze die Palme. Er überreichte am 15. October 1835 der französischen Akademie eine Schrift, worin er nachwies, dass alle vegetabilischen holzigen Substanzen, wenn sie einige Augenblicke in das Monohydrat der Salpetersäure getaucht werden, eine im Wasser unlösliche und ganz ungemein entzündliche Masse bilden, die auch aus Leinwand- und auch aus Baumwollgeweben construirt werden könne. Diese Arbeit blieb indess vergessen und sie kam erst wieder in Erinnerung, als 1846 der deutsche Chemiker Schönbein die Verwandlung der Baumwolle mittelst des Aufgusses von concentrirter Schwefel- und Salpetersäure in die Schiesswolle durchführte. Schönbein wird daher öfter auch als der Erfinder der explosiven Nitrilverbindung angesehen.

Unmittelbar in der Zeit folgend, gelang es 1847 nach vielen Experimenten dem italienischen Chemiker Ascagne Sobrero in dem Laboratorium des Pélouze in Paris einen der Wirkung der Schiesswolle ganz ähnlichen Körper, das Nitroglycerin, durch Aufguss von concentrirter Schwefel- und Salpetersäure auf Glycerin herzustellen. Dieser hervorragenden Errungenschaft folgten andere Chemiker mit der Herstellung diverser explosiver Verbindungen, wie Nitromannit Nitroamylum (nitrirtes Stärkemehl) und Trinitrophenylsäure (Picrinsäure). Diese explosiven Nitrate blieben jedoch zunächst in dem geschäftlichen Hintergrunde stehen, weil die Schiesswolle, von

Böttcher und Schönbein in der Fabrikation weiter ausgebildet, die Tagesfrage beherrschte. Ihre Nützlichkeit für Kriegszwecke wurde sofort seit 1846 in Frankreich, Russland, England, Preussen und Oesterreich commissionell geprüft und führte der letztere Staat die Lenk'sche Schiesswolle im Anfange des Jahres 1862 versuchsweise ein. Die drei Explosionen vom 30. Juli und 15. September und vom Jahre 1865 erschütterten jedoch das Vertrauen in das neue Präparat derart, dass es von der Gross-Industrie nicht weiter aufgegriffen wurde.

Dagegen hatten eingebende Versuche mit Schiesswolle zu Sprengungen doch einen enormen Kraftvortheil über das Sprengpulver, aber andererseits auch erwiesen, dass sie sich für Sprengungen wegen ihrer grossen Hyroskopicität nicht eigne, so dass nun die Chemie nicht mehr davon ablassen konnte, das Schwarzpulver zu verdrängen. Die Richtung ergab sich durch die Ereignisse mit der Schiesswolle von selbst; sie wandte sich nach 15 Jahren wieder dem Nitroglycerin zu, welches in Laboratorien erzeugt, ebenalls zu Versuchen führte, deren Resultate jene mit der Schiesswolle sogar überboten.

Nunmehr trat der schwedische Chemiker Nobel auf, welchem es 1863 nach unsäglichen Bemühungen und nach Ueberwindung von Schwierigkeiten aller Art gelungen war, trotz aller Gefahren, die Fabrikation des Nitroglycerins im Grossen durchzuführen. Der neue Sprengstoff konnte jedoch erst 1864 massgebend in der Praxis erprobt werden, nachdem es Nobel in diesem Jahre gelungen war, die Gase zuerst durch eine Pulverpatrone und später durch Knallpräparate (Percussionskapseln) rasch und voll auszulösen.

Die Zeitgenossen erinnern sich noch heute jenes ungeheueren Aufsehens, welches die ersten Sprengungen mittelst des Nitroglycerins bei den russischen Militär-Minen nächst Peterhof, dann in den Steinbrüchen im Zornthale in den Vogesen; ferner in mehreren Bergwerksrevieren, besonders im Saarbrücken'schen, Sächsischen und Schlesischen; weiters der Sprengung von Lettenlagern in der Grube Vielle-Montagne bei Aachen machten; so wie auch des Aufsehens des Berichtes vom 23. Juli 1866, welchen Kopp an die französische Akademie der Wissenschaften sandte; endlich auch jenes der Texte aller damaligen bergmännischen Fachschriften. Die officielle preussische Zeitschrift für das Berg-, Hütten- und Salinenwesen*) schrieb damals über die Versuche, „dass das Sprengöl

---

*) XVI. Band, 1868, pag. 318.

eine fast widerstandslose Kraft besitze, welche alle bis dahin be-
kannten Sprengmittel weit übersteigt und welche Ursache seiner
allgemeinen Anwendung werden würde, wenn nicht die ungemeine
Gefährlichkeit desselben vorläge."
Mancherlei Unglücke, die sich mit dem Sprengöl ergaben;
sein grosser Nachtheil der flüssigen Form, welche nur nach abwärts
gerichtete Bohrlöcher zuliess; der verbotene Bahntransport; der Nachtheil seines Abfliessens in Klüfte; die vorgekommenen Explosionen,
sobald ein Keilhauen- oder ein Meisselschlag auf eine mit Oel be-
netzte Steinstelle traf; die Herabsetzungen des neuen Mittels durch
die concurrirenden Pulverfabrikanten und schliesslich nicht zum Ge-
ringsten der ungemein ausgeprägte conservative Sinn der Bergleute gegenüber gewaltigen Neuerungen: alle diese Dinge drohten
dem neuen Sprengstoffe anfänglich beinahe den Untergang. Da kam
der Sache eines jener merkwürdigen Vorkommnisse zu Hilfe, die
wir gedankenlos Zufälle nennen, während sie in Wahrheit nur
gesetzmässige Kettenglieder der Arbeit der Menschen und der
Natur sind. Bei der Nitroglycerinfabrik in Lauenburg war 1868
durch ein leck gewordenes Blechgefäss das Nitroglycerin auf
Kieselerde ausgeflossen und von dieser begierig aufgesogen worden.
Diese aus Kalkstaub von Infusorienschalen bestehende Erde wird
im Lüneburgischen die Guhr genannt und so entstand mit einem
Male eine plastische Form des Nitroglycerins, welche Nobel das
„Dynamit" und später zum Unterschiede von anderen Präparaten
das Guhr-Dynamit nannte. Die nunmehr künstlich erzeugte Mischung
eignete sich vorzüglich zur Formirung in runden Patronen und
jetzt fand der neue Sprengstoff weit mehr Zutrauen. Trotzdem
stiess seine Einführung noch immer auf solche grosse Schwierigkeiten und Bedenken, dass die fabelhafte Energie Nobel's und
seiner kaufmännischen Freunde noch einer besonderen Hilfe be-
durfte, um seine massgebende Einführung in die Praxis durchzu-
setzen.

Diese ging vornehmlich von Oesterreich-Ungarn aus. Denn
hier war es die Heeresverwaltung, welche die aussergewöhn-
liche Bedeutung des Dynamites für Sprengungen zu Kriegszwecken
auf Grund von eingehenden theoretischen und praktischen Erhebungen und Versuchen zuerst anerkannte und officiell einführte.
Die betreffenden Arbeiten des österreichischen Militär-Technischen
Comités und der Geniewaffe, bei denen sich im Laufe der Ent-
wickelung die Officiere Beckerhinn, Hess, Lauer, Schwab, Trauzl

2*

und Wuič europäisch bekannte Namen erwarben, sind seiner Zeit von massgebendstem Einflusse gewesen und riefen insbesondere in den Kreisen der Eisenbahn- und Berg-Ingenieure das Verlangen nach dem neuen Mittel wach, welches noch zu Ende der Sechzigerjahre nur durch Botengänge bezogen werden konnte.

Pischof war der Erste, welcher es in O e s t e r r e i c h beim Eisenbahnbaue, und Makuc der Erste, welcher es in U n g a r n beim Bergbaue erprobte. Unter den massgebendsten Versuchen über die ökonomische und technische Wirkung des Dynamites in der Civilpraxis sind die folgenden zu erwähnen. Zuerst die Comparativversuche zwischen Pulver und Dynamit, welche der damalige OberIngenieur Pischof der Staatseisenbahn-Gesellschaft beim Baue der Linie Wien—Brünn im Syenit des Buchenberger Einschnittes durchführte. Im Bergbaue waren es namentlich die Vergleichsversuche im Rammelsberge bei Goslar, im Reviere von Kladno, in den Eisensteingruben bei Zerf, in den Steinkohlengruben am Schneeberge, in den Quecksilbergruben von Neu-Almaden und in den Gruben in Sachsen, Schlesien und bei Saarbrücken, welche die allgemeinere Einführung des Guhr-Dynamites, etwa um das Jahr 1870 zu Wege brachten. Nunmehr erschien die Fabrikation des Mittels erst kaufmännisch gesichert und in dem Decennium von 1870—1880 lag die Sache schon so, dass das Schwarzpulver trotz der energischen Concurrenz und trotz aller in dieser Zeit hervorgetretenen ganz wesentlichen Verbesserungen desselben, in Form ganz neuer Pulversorten,*) in allen jenen Fällen geschlagen war, wo es sich um Sprengungen im festesten Gesteine und um Zeitersparung handelte; auch war es jetzt nicht mehr als billig, dass sich endlich die riesigen Mühen, Aufregungen, Geldverluste und investirten grossen Capitalien dieser Fabrikation successive bezahlt zu machen begannen. Einen ganz wesentlichen Beitrag zur allgemeinen Einführung des Dynamites haben die in der Literatur berühmten Comparativversuche von Makuc (1873—1881) geliefert, von denen weiter unten noch die Rede sein wird.

Inzwischen kam aber das culturelle Bedürfnis, die Sprengkraft des Guhr-Dynamites noch weiter zu erhöhen absolut nicht zur Ruhe und erforderte wieder Opfer an Zeit, Geld und Mühe. Es konnte nämlich nicht verkannt werden, dass die Kieselguhr bei der Explosion des Nitroglycerins verschlackt werde, also dieser Process eine gewisse Wärmemenge absorbirte, welche dem

---

*) Pulver von Küp, Schultze, Neumeyer, Fehleisen (Haloxylin) u. s. w.

Sprengeffecte verloren ging. Man suchte daher für den Arbeits-
zweck der Gase die sogenannte indifferente Basis der Kieselguhr
durch eine active Basis des Nitroglycerins zu ersetzen. Hiezu
wurde anfänglich Schiesswolle und werden neuestens nebst dieser
gelatinirten Wolle kräftige Zumischpulver verwendet, welche
selbst Sprengmittel sind. Durch Aufguss bestimmter Nitroglycerin-
mengen auf die gelatinirte Schiesswolle und durch die Beimengung
von Pulver zu derselben, welches aus Bestandtheilen besteht, die
selbst wieder in hohem Grade sprengwirkend sind, entstand das
sogenannte Neudynamit, welches wegen seiner gelatinartigen Ge-
stalt im Handel nur kurz die „Gelatine" genannt wird, und
welche seit etwa zehn Jahren das alte Guhr-Dynamit so verdrängt
hat, dass dieses nunmehr nur noch vereinzelt auf besondere Be-
stellung fabricirt wird.

Bei diesem mühsamen Vorschreiten der sehr gefährlichen
Dynamitfabrikation musste noch stets auf den Umstand geachtet
werden, dass die Praxis Sprengstoffe von verschiedener Kraftäus-
serung bedarf, dass also verschiedene Sorten des Dynamites
für den Handel zu erzeugen seien. So bedürfen manche
Gesteine eines milder, manche wieder eines ungemein mächtig
wirkenden Sprengstoffes; und insbesondere kann der Kohlenbergbau in den Flötzen von verschiedener Festigkeit nur verschiedene Wirkungen der Sprengung vertragen, um die Kohle
in möglichst grossen Stücken zu erzeugen. Dieser die Fabrikation
ganz wesentlich complicirenden Forderung war schon bei der Herstellung des Guhr-Dynamites dadurch nachgekommen worden, dass
damals drei usuelle Sorten mit I = 75%, II = 45% und III = 40%
Nitroglycerin-Gehalt erzeugt wurden. Bei der Fabrikation des
Gelatin-Dynamites wird der Grad der herabgeminderten Kraft
durch zwei Mittel erzeugt: einmal durch die Verminderung des
Nitroglycerin-Gehaltes und zweitens durch die geeignete Construction und Classirung des sogenannten Zumischpulvers. Hierdurch
ist, um den Handelsbedürfnissen nachzukommen eine gegen
früher viel ausgedehntere Classirung der Sprengstoffe und dem-
gemäss für die Fabrikation eine viel grössere Complication
und Erschwerung entstanden, welcher jedoch eine auf der
Höhe der Zeit stehende Industrie nicht nur nicht aus-
weichen kann, sondern geschäftsmässig anregend
entgegen kommen muss. So wird gegenwärtig allein in den
österreichisch-ungarischen Fabriken der Actien-Gesellschaft Dynamit

Nobel ausser dem etwa verlangten Guhrdynamit und dem verwandten Littrofracteur und ausser den sogenannten Wetterdynamiten erzeugt:

1. Sprenggelatin,
2. Ammongelatin,
3. Neu-Dynamit I,
4. Neu-Dynamit II,
5. Neu-Dynamit III,
6. Dynamit II *B*,
7. Rhexit II,
8. Rhexit III,
9. Rhexit V,
10. Cellulose-Dynamit und
11. das Ecrasit für Militärzwecke.

Eine ähnliche Mannigfaltigkeit in der Classirung der Dynamite findet natürlich auch im Auslande statt.

Mit diesem ununterbrochenen Streben der Dynamit-Industrie, den Anforderungen der Praxis zu folgen, ist jedoch die Geschichte ihrer Thätigkeit noch lange nicht abgeschlossen; denn die culturellen Forderungen der menschlichen Herrschaft über die festen Gesteine rollen unaufhaltsam wie das Rad der Zeit. So spielt gerade in der Gegenwart eine Frage sondergleichen, welche die Regierungen, die Grubenbesitzer, die Bergingenieure und die Bergarbeiter in fortwährendem Athem erhält. Es ist dies die sogenannte Schlagwetter-Frage.

Bekanntlich ist der Bergmannsstand der gefährlichste Beruf der Menschen. Die Erde, aus der wir entstammen und die uns wieder aufnimmt, verweigert uns zu Lebenszeiten den Eintritt in ihr Inneres mit allen Mächten der vier Elemente. Was nicht erschlagen wird, ersäuft; was nicht erstickt, verbrennt; ihre Räume sind der Orkus der Griechen, den ehemals nur die Götter beherrschten und den heute nur der aufgeklärte, naturwissenschaftliche Geist zu betreten vermag. Schon Zeuner hat von der Bevölkerung des Freiberger Revieres nachgewiesen, dass von 10.000 Personen nur 1 Bergmann das 90. Jahr, dagegen 10 Nichtbergleute dasselbe erreichen. Weiters machte bereits der bekannte Statistiker Kolb darauf aufmerksam, dass von 1000 Beschäftigten im Jahre

2·60 beim Bergbaue,
2·00 bei der Schiffahrt,
1·99 bei der Forstwirthschaft,

0·17 bei der Industrie,
0·13 bei der Landwirthschaft,
0·03 bei persönlichen Dienstleistungen
tödlich verunglückten. Die Bergwerks-Statistik wies schon für die
Periode 1865 bis 1870 nach, dass von 1000 Bergleuten zusammen
beim Erz- und Kohlenbergbaue in

Oesterreich . . 2·02 Arbeiter
Belgien . . . . 2·29 „
England . . . . 2·35 „
Preussen . . . . 2 46 „
Frankreich . . . 2·88 „

zu Tode kamen. Am gefährlichsten aber ist der Kohlenbergbau.
In Preussen wies schon die Periode 1867 bis 1884 nach, dass von
1000 Bergarbeitern jährlich

beim Steinkohlen-Bergbaue . . . 3·005
beim Braunkohlen-Bergbaue . . . 2·405
beim Erz-Bergbaue . . . . 1·772

in allen Arten . . . 2·500

tödlich verunglückten. Im grossen Ganzen steht gegenüber aller
Philosophie unheimlich zahlenmässig fest, dass in grösseren Zeitperioden gerechnet, das menschliche Schicksal alle Jahre durch-
schnittlich mit einer Genauigkeit nach Decimalstellen auch im Bergbaue arbeitet; und weiter erklärlich fest, dass der Bergbau immer
gefährlicher wird, weil er von Jahr zu Jahr in grössere Tiefen
steigt und weil der Steinkohlen-Bergbau am meisten überhand
nimmt. Der letztere liefert nämlich die haarsträubenden Massenunglücke durch Gasexplosionen, die deshalb immer mehr an-
wachsen, weil die Belegschaft in den einzelnen Gruben wächst und
weil die Explosionen sich immer über mehr oder minder grosse Gruben-
complexe erstrecken, gleichviel ob wenig oder viel Menschen dort
arbeiten. Diese Explosionen nehmen nach neueren Zusammen-
stellungen etwa 30% aller tödtlichen Verunglückungen im Bergbau
in Anspruch und sie sind so grässlich, weil jene Fälle nur leider allzu
häufig sind, wo mit einemmale gleich Hunderte von Menschen durch
den Sensenmann niedergemäht werden.

Hebt man nur diejenigen Massenunglücke heraus, bei
denen mit einem Schlage mehr als **100** Bergleute durch Gas-
explosion zu Tode kamen, so ergibt sich für die Zeit von 1835
bis 1894 das folgende Todten-Verzeichniss:

101	Mann (am	10./12.	1855)	auf der Grube	Penygraig in Wales
102	„ (		1835)	„ „ „	Walsend „ „
109	„ („	6./3.	1885)	„ „ „	Johannes bei Karwin
112	„ („	16./12.	1875)	„ „ „	Agrappe in Belgien
119	„ („	10./7.	1880)	„ „ „	Riska in Wales
120	„ (		1892)	„ „ „	Anderhus in England
126	„ („	17./4.	1879)	„ „ „	Agrappe „ Belgien
130	„ (		1860)	„ • „	Riska in Wales
150	„ („	6./12.	1875)	„ „ „	Swait-Main in Yorkshire
164	„ („	8./9.	1880)	„ „ •	Saeham in England
170	„ („	31./7.	1890)	• „ „	Pelisiere bei Sanct Etienne
171	„ („	6./2.	1890)	„ „ „	Alberychan in Wales
177	„ („	18./6.	1885)	„ „ „	Clifton Hall bei Manchester
181	„ („	17./3.	1865)	„ „ „	Kamphausen bei Saarbrücken
189	„ (		1857)	„ „ „	Lundhill in England
189	„ („	4./2.	1876)	„ „ „	Sabin in Frankreich
195	„ („	7/11.	1880)	„ „ „	Saeham in England
204	„ (		1862)	„ „ „	Harley „ „
209	„ („	22./10.	1877)	„ „ „	Ditton in Schottland
232	„ („	14./7.	1894)	„ „	Johannes- und Franziska-Grube bei Karwin
267	„ („	11./9.	1878)	„ „	Grube Prinz of Wales in England
361	„ („	12./12.	1866)	„ „ „	Oaks in Yorkshire

Gerade diese furchtbaren Massenunglücke, welche in England im Jahre 1710 mit der Hinraffung von 50 Personen auf der Grube Bensham bei Newcastle begannen und von denen dasjenige auf der Grube Felling am 25. Mai 1812 in England mit 90 Todten deshalb hervorzuheben ist, weil es zur Erfindung der Davy'schen Sicherheitslampe führte, sind Ursache gewesen, dass sich in allen Staaten sogenannte Schlagwetter-Commissionen bildeten, welche aus den hervorragendsten Kräften zusammengesetzt, die Aufgabe haben, diese Unglücke durch Erforschung ihrer Ursachen mit dem Geiste der technischen Wissenschaften möglichst hintanzuhalten. Frankreich schritt, wie fast in allen Dingen technischer Wissenschaft, auch hier schon 1877 voran; ihm folgte Belgien 1879,

England ebenfalls 1879, Preussen 1880, Sachsen 1880 und Oesterreich 1885 mit Einsetzung solcher Commissionen. Es ist hier nicht
der Ort, sich über die Ursachen dieser Explosionen und über das
rastlose Bemühen der Auffindung der Mittel zu ihrer Verhütung
zu ergehen; nur sei darauf hingewiesen, dass die neuere Statistik
des preussischen Bergbaues aufweist, dass von 100 Explosionen

    $63\cdot3^0/_0$ auf verbotenen Gebrauch des offenen Lichtes;

    $8\cdot3^0/_0$ auf schadhafte Grubenlampen;

    $11\cdot3^0/_0$ auf Durchschlagen der Flamme durch die Sicherheits-
      lampen;

    $14\cdot2^0/_0$ auf Sprengarbeit und

    $2\cdot9^0/_0$ auf ungeklärte Ursachen

entfallen. Daraus geht hervor, dass alle Schlagwetter-Commissionen
namentlich in drei Richtungen auf Abhilfe drängen. Einmal durch
die schärfsten Vorschriften, zweitens durch die ausgiebigste Ven-
tilation der Grube, weil die chemische Wissenschaft gelehrt hat,
dass die Entzündung mit offenem Lichte sich am besten verhüten
lässt, wenn eine solche Mischung der Gase mit atmosphärischer
Luft hergestellt wird, die nicht mehr explodiren kann; und drittens
durch Entzündungsverhütung beim Sprengen. Diese letztere arbeitet
wieder auf zwei Wegen. Einmal durch Auffindung von Mitteln der
möglichst gefahrlosen Entzündung der Sprengschüsse. In dieser Hinsicht stehen gegenwärtig die elektrische Zündung, dann die Entzündung nach dem Patente von Jarolimek (Erzeugung der Zündungs-
temperatur mittelst der Wärme des abgelöschten Kalkes), die
Lauer'schen Frictionszünder und schliesslich die Thmann'schen
Stiftzünder obenan.

    Die erstere und die beiden letzteren Zündmethoden sind
derzeit Handelsartikel der Actien-Gesellschaft Dynamit Nobel.

    Der zweite Weg zur Verhütung der Unglücke durch Sprengung
betrifft die chemische Construction der Sprengstoffe. Die Erfahrung
hat nämlich gelehrt, dass die Feuergarbe der mit Pulver ge-
ladenen Sprengschüsse nicht nur die Schlagwetter direct, sondern
auch den trockenen Kohlenstaub in der Grube entzündet und
dass dieser dann als Transmissär für die Anzündung weiterer
Schlagwetter dient. Daher rühren die Vorschriften nicht nur der
Benetzung des Kohlenstaubes in der Grube, sondern in vielen
Bergrevieren auch das absolute Verbot des Sprengens mit Pulver,
ja des Sprengens überhaupt, her. Das letztere totale Verbot des
Sprengens überhaupt lässt sich aber nur secundär aufrecht halten,

weil die technischen Mittel noch nicht derart ausgebildet sind, um den Sprengprocess gänzlich ausser Cours zu setzen. Die Wissenschaft und Praxis warf sich daher auf das sehr schwierige Problem, solche Sprengmittel herzustellen, welche zwar aus kräftigem Dynamit bestehen, jedoch keine Feuergarbe werfen. Diese Dynamite heissen die Wetterdynamite oder auch die -Sicherheitssprengstoffe. Ihr Wesen besteht, angeregt durch ältere, ziemlich günstig gewesene Versuche, Pulver- und Dynamitladungen mit Wasserpatronen, mit nassem Sande oder mit nassem Moos zu besetzen (verdämmen), darin, dass dem Sprengmittel Stoffe zugesetzt werden, welche krystallinisch gebundenes Wasser enthalten, das bei der Entzündung frei werdend, die Flamme ablöscht.

Die Initiative auf diesem ganz neuen Gebiete der Dynamit-Industrie ergriff Director Müller in Köln. Er setzte dem Guhrdynamite Soda zu, erhielt so Sodapatronen, welche anfänglich 70%, später 40% Soda enthielten und recht befriedigende Resultate in Sachen der Flammenlöschung, aber weniger in Sachen der Sprengwirkung ergaben. Der ingeniöse Gedanke Müller's griff nun weiter um sich und führte zu der gegenwärtigen Industrieperiode der Ammon-Sprengstoffe.

Es entstanden nunmehr die Ammoniumcarbonat-, die Salmiak- und die Ammoniumoxalat-Wetterdynamite. Ihre Zusammensetzung ist sehr wechselvoll und wird viel gerühmt und viel getadelt, indem die grosse Hygroskopicität zu viel Wärme bindet und die Wirkung beeinträchtigt. So entstand im Laufe der Zeit eine grosse Anzahl von Sicherheitssprengstoffen; obenan, je nach den Beimengungen und nach den Namen der Erfinder und der Fabrikationsorte, das Securit, das Carbonit, das Roburit, das Dahmenit, das Westfalit, das Progressit, das Favier- oder Ammoniat-Pulver, das Ammoniat, das Bellit, das Schlebuscher Wetterdynamit, das Grisoutit, das Herules-Powder, das Atlas-Powder, das Vulcan-Powder, das Vigorit u. A. m.

Ueber den Werth dieser Sprengstoffe bestehen heute noch sehr verschiedene Meinungen: je nach Auffassung und Vorliebe und je nach Anrühmung und dem Umfang des Absatzes. So viel steht aber fest, dass eine absolute Ausschliessung der Sprengflamme derzeit von ihnen noch nicht erzielt zu werden vermochte. Das Problem ist eben noch in Lösung begriffen. Jedoch konnte die österreichisch-ungarische Dynamit-Industrie, welche im Laufe der

Zeit, wie allgemein anerkannt, unter ihren General-Directoren Trauzl und Consul Philipp eine führende Stelle auf dem Gebiete der Sprengmittelfabrikation sich errungen hat, den Arbeiten an der Lösung dieses hochwichtigen Problems selbstredend nicht ferne bleiben. Die Fabriken der Actien-Gesellschaft Dynamit Nobel stellen derzeit ausser den früher angeführten Producten speciell in Wetterdynamiten 1. das Gesteins-Wetterdynamit I und 2. das Kohle-Wetterdynamit II in den Handel und sind seit neuester Zeit eifrigst bemüht, mittelst der Vornahme ausgedehnter Laboratorien- und Schiessversuche in einem eigens gebauten Versuchsstollen zu Pressburg in der Frage der Lösung des Problems feste Stellung zu nehmen. Insbesondere muss hier auf die Aufsehen erregenden Versuche mittelst Photographirung des Flammengehaltes der Wetterdynamite hingewiesen werden, welche der Director Siersch in Pressburg unter Betheiligung des Ober-Ingenieurs Brzezowski durchgeführt hat. *) Die Actien-Gesellschaft Dynamit Nobel gibt sich auch der gegründeten Hoffnung hin, die Lösung der complicirten Frage durch Aufbietung allerdings kostspieliger Mittel herbeiführen zu helfen.

IV. Die technische Bedeutung des Dynamites.

Diese Bedeutung liegt in der Ueberbietung der nützlichen und in dem Ausschlusse der schädlichen Eigenschaften des Schwarzpulvers In diesen beiden Richtungen kann folgende Analyse vorgenommen werden.

1. Die Verbrennung der Ladung.

Bei dem Sprengen mittelst Schwarzpulver zeigen sich drei Erscheinungen: erstens ein Zurückbleiben von Pulverschleim im Bohrlochsreste, zweitens eine Rauchschwärzung der abgesprengten Gesteinflächen, und drittens eine starke und lange Feuergarbe. Es wird also ein erheblicher Theil des Pulvers gar nicht verbrannt. Bei dem Sprengen mittelst des Dynamites verbleibt kein Stoffrückstand und ergibt sich nur eine mässige Feuergarbe. Die Ladung wird also fast zur Gänze ausgenützt.

2. Die Wirkung der Schüsse.

Das Pulver reisst grosse Stücke, welche hinterher mühsam zerkleinert werden müssen; es bleiben bei sehr festem Gesteine

---

*) Oesterr. Zeitschrift für Berg- und Hüttenwesen 1896.

wesentliche Reste des Bohrloches und besonders die unteren
Partien desselben als sogenannte „Büchsen" zurück. Besonders
schwach, ja vielfach versagend wirkt das Pulver in sehr zer-
klüftetem Gesteine. Die Dynamite wirken dagegen vollständig zer-
trümmernd, üben auch die Sprengwirkung in Lassen und Klüften
aus, weil die Gase vermöge ihrer horrenden Kraft trotz des Aus-
dehnungsraumes noch einen genügenden specifischen Druck für die
Sprengung besitzen, und lassen insbesondere bei richtiger Ladung
und Bohrlochstellung keine Büchsen zurück; vielmehr wirken sie
was das Schwarzpulver in festem Gestein niemals thut, nach abwärts unter die Bohrlochssohle.

8. Die numerische Stärke.

Schon bei dem Aufkommen des Guhr-Dynamites lehrten gleich
die Anfangsversuche, dass dasselbe auf Grund der pro Gewichtseinheit des Sprengstoffes gelieferten Cubaturen e i n e s u n d des-
s e l b e n ' Gesteines, etwa ' $2^1/_2$ bis 3 mal stärker ' sei, als das
Schwarzpulver. Der nachmalige Sectionschef v. Pischoff ist der erste
Ingenieur gewesen, welcher 1869 beim Bane der Eisenbahu von
Wien über Eibenschütz nach Brünn in drei verschiedene Gesteinsfestigkeiten C o m p a r a t i v v e r s u c h e durchführte, die sich auf
Sprengungsquantitäten von mehr als 7000 m^3 erstreckten. Er fand
pro österreichische Cubikklafter (à 6·82 m^3) den folgenden Aufwand
der Ladungen in Pfunden (à $^1/_2$ kg):

Gestein	Pfund Pulver	Pfund Guhrdynamit	Verhältnis der Stärke
Mittelharter Syenit . .	6·0	2·5	1 : 2·40
Sehr fester Syenit und Granit	9·0	3·5	1 : 2·57
Sehr fester, kurzklüf- tiger Quarz	20·0	6 0	1 : 3·33
im Mittel			1 : 2·77

Später lieferte der Director Makuc in Bleiberg ganz ungemein
ausgedehnte Vergleichsversuche innerhalb der Jahre 1873 bis 1881
bei Auffahrung von mehr als 2300 m Stollenlänge, welche dort

zur vollständigen Verdrängung des Schwarzpulvers führten. Diese Versuche ergaben pro Meter Stollenauffahrung von ca. 4 m^2 Fläche einen Pulveraufwand von 6·8 kg beziehentlich von 3·7 kg Guhr-Dynamit, also ein numerisches Stärkeverhältnis von allerdings nur 1 : 1·84; allein es darf nicht übersehen werden, dass bei diesen grossen Auffahrungslängen die einzelnen Gesteinsfestigkeiten wechseln. Bei der späteren Einführung des Gelatin-Dynamites in Bleiberg ergab sich in denselben Gesteinen ein numerisches Verhältnis zwischen Guhr- und Gelatin - Dynamit wie 1 : 1·66, also respective zwischen Pulver und Gelatine wie 1 : 3·04. Strenge Comparativversuche in einem und demselben Gesteine wurden dann in vielen Orten beim Eisenbahn- und Bergbaue vorgenommen und sind im besondern die folgenden hervorzuheben. Das numerische Stärkeverhältnis zwischen Guhr- und Gelatine-Dynamit betrug:

beim Baue der St. Gotthardbahn . . . . . 1 : 1·46
im Zaukeroder Bergreviere . . . . 1 : 1·45
im Tarnowitzer Bergreviere . . . . 1 : 1·41
im Mansfelder Bergreviere . . . . 1 : 1·33

also im Durchschnitte um 1 : 1·41

Rechnet man also auf die strengen Comparativversuche in einem und demselben Gestein nach Pischoff das numerische Stärkeverhältnis zwischen Schwarzpulver und Guhr-Dynamit wie 1 : 2·77, so besteht zwischen Schwarzpulver und der Gelatine, bei welcher die Verschlackungsarbeit der Kieselguhr entfällt, und die Kraft der activen Basis für den Nitroglycerin - Aufguss hinzutritt, ein numerisches Stärkeverhältnis wie 1 : 3·90; also fast wie 1 : 4.

Ausser diesen und vielen anderen Versuchen im Wege der Sprengpraxis ist das numerische Stärkenverhältniss der Sprengmittel auch noch auf zwei anderen Wegen untersucht worden. Der erste betrifft die Trauzl'sche Blei- oder die sogenannte Ausbauchmethode. Schon im Jahre 1869 hatte der Verfasser dieser Schrift Versuche bei einem Eisenbahnbaue in Braunschweig vorgenommen, welche die Erscheinnng lieferten, dass schwach geladene Sprengschüsse im Letten keine Sprengkörper werfen, sondern nur einen birnförmigen Hohlraum, eine Ausbauchung erzeugten. Trauzl kam selbstständig auf die Idee, die Stärken der Sprengmittel durch die erzeugte Cubatur der Ausbauchung relativ zu bestimmen, indem gleich schwere Ladungen in gleich homogenen Bleiklötzen zur

Wirkung gebracht wurden. Hierüber bestehen folgende, sehr ausgedehnte Erfahrungen:

Experimentatoren	Guhr-Dynamit	Gelatin-Dynamit	Nitro-g'ycerin
Comité des Oesterreichischen Ingenieur-Vereines	1·00	1·26	—
Münch	1·00	1·57	1·86
Trauzl	1·00	1·43	1·43
Klose	1·00	1·50	1·80
Durchschnitt	1 00	1·44	1·70

Es erschienen also die numerischen Stärkeverhältnisse ganz so, wie jene der Versuche aus der Sprengpraxis.

Der zweite Weg der theoretischen Untersuchungen ist derjenige der Bestimmung auf dem Wege der Calorimetrie[1]), um welchen sich besonders Roux und Sarraux, und Berthèlot sehr verdient gemacht haben. Hiebei wird die Ladung in einem Wasserbade entzündet und dessen Wärmeerhöhung in Calorien (Temperaturerhöhung eines Kilogramms Wasser um 1 Grad Celsius) ausgedrückt. Die Untersuchungen von Roux und Sarraux ergaben folgende Werthe:

Sprengstoffe	Calorien pro 1 Kgr. Ladung	Verhältnis	Verhältnis
Sprengpulver mit 62% Salpeter	570·2	1·00	—
Gührdynamit mit 75% Nitroglycerin	1290·0	2·26	1·00
Gelatin-Dynamit mit 92% Nitroglycerin	1804·0	3·18	1·40
Nitroglycerin (berechnet aus dem Gelatindynamite)	1870·0	3·28	1·45

[1]) v. Rŝiha, Mechanische Arbeit der Sprengstoffe, Zeitschrift des österr. Ing.- und Arch.-Vereines 1886.

Demnach ergibt sich auch hier, dass das Guhr-Dynamit 2·3 mal stärker als das Pulver, die Gelatine 1·4 mal stärker als das Guhr-Dynamit, und dass die Gelatine 3·2 mal stärker als das Schwarzpulver ist.

Aus allen diesen, ganz verschiedenen Wegen der Untersuchung ist daher in runden Zahlen wissenschaftlich festzustellen, dass die numerische Stärke der drei Hauptsprengstoffe sich verhält wie:

$$\text{Schwarzpulver,} \quad \text{Guhrdynamit,} \quad \text{Gelatinedynamit}$$
$$1 \quad : \quad 2\frac{1}{2} \quad : \quad 3\frac{1}{2}$$

4. Die mechanische Arbeit.

Die Bestimmung der calorimetrischen Werthe der Sprengstoffe gibt die Möglichkeit, die theoretische Arbeitsmenge A $m/kgr.$ festzustellen, welche einem Sprengstoff innewohnt, indem man die Energie einer Wärmeeinheit in Meterkilogrammen ausdrückt. Nimmt man wie jetzt allgemein diesen Einheitswerth zu 425 Meterkilogramm, so ergibt sich Folgendes:

Es liefert 1 Kilogramm

Schwarzpulver	rund 242.000	Meterkilogramm
Guhr-Dynamit	„ 548.000	„
Gelatine-Dynamit	„ 617.000	„
Nitroglycerin	„ 795.000	„

theoretische Arbeit. Von dieser kommt jedoch der Praxis des Sprengens nur ein kleiner Theil zu Gute. Denn es geht für den eigentlichen Sprengact Wärme durch die nutzlose Ausströmung von Gasen, durch die Erwärmung des Gesteines, durch die Erschütterung desselben auf sehr weite Distanzen und durch die Arbeit des Wurfes verloren. Die Gesteinerschütterung absorbirt ganz ausserordentlich viel mechanische Arbeit ; denn es lässt sich auf die Grösse derselben aus der Entfernung schliessen, aus welcher die unterirdischen Detonationen in der Grube zwischen zwei Gegenörtern, und oben am Tage noch gehört werden. Am Harze wurden darüber von Schell*) eingehende Beobachtungen gemacht, und betrug die bis jetzt grösste bekannte Erschütterungsentfernung beim Baue des Arlbergtunnels etwa 1000 Meter, d. h. der Schuss musste eine ideelle Gesteinskugel von 1000 Meter Radius derart in Wellenerregung versetzen, dass

---

*) Zeitschrift für das Berg-, Hütten- und Salinenwesen 1880, pag. 340; 1883, pag. 31.

sie solche Schallwellen der Luft erzeugten, welche dem Gehörssinne noch zugängig waren.

Die strenge Bestimmung des Nutzeffectes einer Ladung ist zur Zeit ein noch ungelöstes Problem. Der Verfasser dieser Schrift hat versucht, ihn aus dem Vergleiche mit dem Schiessprocesse zu bestimmen.*) Das Geschützpulver enthält pro Kilogramm im Mittel 752 Calorien = 319.982 Meterkilogramm theoretische Arbeit. Die nützliche Arbeit beträgt im Mittel pro Kilogramm der Ladung L nach

$$\frac{Q \cdot v^2}{2 g \cdot L} = 43.788 \text{ Meterkilogramm.}$$

Also ist der Nutzeffect pro Kilogramm der Ladung $\mu = \dfrac{43.788 \cdot 100}{319.982} = 13.71 \%$ oder rund $^1/_7$.

Nimmt man diesen Werth auch beim Sprengen an, was kein grosser Fehler sein wird, so stellt sich die nützliche Arbeit a eines Kilogramms Sprengmittel bei dem

Schwarzpulver auf	rund 33.000	Meterkilogramm
Guhr-Dynamit auf	„ 75.000	„
Gelatine-Dynamit auf	„ 84.500	„

5. Die Vorgabe.

Die Entfernung zwischen dem Mittelpunkte der Ladung und der zunächst liegenden freien Gesteinsseite, nach welcher hin die Schusswirkung erfolgt, nennt man in der Praxis die „Vorgabe" des Schusses, und in der Theorie der Sprengarbeit: die kürzeste Widerstandslinie w.

Von der exacten Wahl dieser Vorgabe hängt die Wirkung der gewählten Ladung ab; ist sie zu gross, so versagt der Schuss; ist sie zu klein, so bricht das ausgelöste Gas auf dem Wege des schwächsten Widerstandes durch, strömt unbenützt aus, wirft einen viel zu kleinen Sprengkörper, und verrichtet mit lautem Knalle eine weite Fortschleuderung der Gesteinsstücke, also gleichsam eine Artilleriearbeit, die durchaus nicht der Zweck der Sprengarbeit ist.

Diese beiden Erscheinungen des Versagens und des zu kleinen, weit hin geschleuderten Sprengkörpers unterscheiden sich sehr wesentlich bei dem Gebrauche von Pulver oder dem des Dynamites.

Beim Pulver führt die zu grosse Vorgabe zu den Erscheinungen, dass der Schuss entweder nutzlos im Gesteine verpufft, oder aber

---

*) Zeitschrift des österr. Ingenieur- und Architektenvereines 1886.

dass der „Besatz" (die Verdämmung des Schusses im Bohrloche) hinausgeschleudert wird und die Pulvergase durch dasselbe ausströmen. Der Bergmann sagt dann, das „L o c h p f e i f t a u s." Beim Dynamit tritt das Auspfeifen im Allgemeinen niemals ein, sondern es wirkt vermöge seiner weit grösseren Kraft im Innern des Gesteines z e r m a l m e n d, so dass von einem Verpuffen niemals die Rede sein kann. Das werthvolle Bohrloch geht also niemals zur Gänze verloren. Ist die Vorgabe zu gross gewesen, so leidet allerdings die Grösse des Sprengkörpers; allein die radiale Wirkung ist doch stets noch von der Art, dass die innere Gesteinsumgebung der Dynamitladung eine bedeutende Zerstörung erfährt. Das Dynamit ist also bei dieser Sache dem Pulver, zum Vortheile der Praxis, bedeutend überlegen.

Diese Erscheinungen der Beeinträchtigung des Sprengeffectes lehren, dass in der Praxis sehr darauf geachtet werden muss, die Vorgabe richtig zu bemessen.

Erst in der neueren Zeit ist es seit dem Erforschen der Scheerfestigkeit der Gesteine durch Bauschinger in München und durch die wenigstens annähernde Feststellung der Nutzarbeit der Sprengstoffe gelungen, die kürzeste Widerstandslinie theoretisch zu bestimmen. Ist a die Nutzarbeit eines Kilogrammes Sprengstoff, l das Gewicht der Ladung in Kilogrammen, O die Oberfläche der Ladung in Quadratcentimetern, P die Scheerfestigkeit in Kilogrammen pro Quadratcentimeter, also ausgedrückt in Atmosphären : so ist die s p e c i f i s c h e Nutzarbeit des Sprengstoffes, welche

auf einen Quadratcentimeter der Bohrlochswandung wirkt $\frac{a.l}{O} = P. w$,

also die gesuchte kürzeste Widerstandslinie $w = \frac{a.l}{P.O}$ in Metern.

Nach Bauschinger*) beträgt die Scheerfestigkeit in festem Sprenggestein 30—50 kg pro Quadratcentimeter, in sehr festem 50—80 und in höchst festem 80—200 kg pro Quadratcentimeter.

Für den Bleiberger Kalk können 50 kg angesetzt werden. Wird die Rechnung nach den freundlichen Detailangaben des Herrn Director Makuc im obigen Sinne durchgeführt, so ergibt sich für die Pulverladung $w = 0.40\,m$ Vorgabe und für Dynamitladungen $w = 0.87\,m$.

Das Dynamit gestattet also, dass sich die Vorgaben bei Pulver zu jenen bei Dynamit verhalten, wie 1 : 2·2.

---

*) v. Rźiha, Zeitschrift des österr. Ing. u. Arch.-Vereines 1888.

Eine solche theoretische Untersuchung lehrt daher neu erdings das numerische Stärkeverhältnis zwischen Pulver und Dynamit und den erheblichen Vortheil des letzteren, ausgedrückt durch das wichtige technische Moment der Grösse der Vorgabe. In der Praxis lassen sich aber derlei Rechnungen nicht bei jedem Schusse durchführen, ohne dass die jedesmaligen Factoren vorher klar ständen; allein ihr Werth besteht in der Bestätigung der durch die Praxis auf-gefundenen Regel, dass man bei Schwarzpulver die Vorgabe im Allgemeinen nur mit $^1/_3$ bis höchsten $^2/_3$ der Lochtiefe t, bei Guhr-dynamit mit $^2/_3$ t bis 1·0 t, bei Gelatine aber mit $^3/_4$ t bis $1^1/_2$ t ansetzt.

6. Der Besatz.

Die Erfahrung lehrt, dass Schwarzpulver n u r bei einem sehr gutem Besatze günstig wirkt Die Bergleute müssen daher sowohl die Qualität des Besatzmittels, sowie die Besatzlänge, und auch die Methode des Einbringens des Besatzes sehr sorgfältig beachten. Die Besatzlänge muss bei Pulver mindestens $^2/_3$ der Bohrlochtiefe messen, wenn es noch gut wirken soll; und die Einladung des Besatzes muss so geschehen, dass er auf die Ladung erst lose auf-gesetzt und dann durch immer kräftigere Schläge comprimirt wird. Die Bergleute sagen dann, wie schon bemerkt, es müsse mit dem Besatze Luft eingeladen werden.

Beim Gebrauche des Dynamits ist alle diese Sorfalt n a h e z u u n n ö t h i g und daher diesem Sprengstoffe auch hier wieder ein grosser ökonomischer Vortheil innewohnend. Denn das Dynamit wirkt auch schon ganz ohne Besatz und selbst ohne Bohrloch. frei aufliegend, nach abwärts. Die Gase werden wegen ihrer Stärke und Schnelligkeit schon vielfach durch die Schwere der Luft oder gar des Wassers, wie die Lauer'sche submarine Sprengung zeigt, besetzt.

Durch diese merkwürdige Eigenschaft ergibt sich ein bisher gar nicht gekannter, unter Umständen hochgradig wichtiger Vortheil.

7. Die Entfernung der Schüsse untereinander.

Beim Schwarzpulver kann man erfahrungsgemäss diese Ent-fernung nicht höher bringen, als auf das $^3/_4$fache der Lochtiefe; beim Guhrdynamit aber erfahrungsgemäss auf das 1·0fache und bei der Gelatine auf das $1^1/_2$fache der L o c h t i e f e. Sprengt man

aber mehrere Schüsse mittelst des elektrischen Funkens zu gleicher
Zeit, so wirkt die Interferenz der erregten Gesteinswellen nützlich
und dann können bei günstigen Umständen die Schussentfernungen
bei Gelatin erfahrungsgemäss auch auf das doppelte der Lochtiefe
vergrössert werden.

8. Die Grösse der Ladung.

Um sicher zu sein, dass das mühsam, zeitraubend und sehr
kostspielig hergestellte Bohrloch auch richtig ausgenützt werde, hat
die Erfahrung aus der Zeit der Sprengungen mit Schwarzpulver
gelehrt, dass die Arbeiter die Schüsse fast durchwegs überladen,
also mit dem Sprengstoffe sozusagen gewüstet haben, indem sie
meinten: viel hilft viel. Ein überladener Schuss hat aber zwei
Nachtheile. Der eine ist der, dass jedesmal ein zu kleiner Sprengkörper geworfen wird, weil sich die grössere Gasmenge zu vehe-
ment auf die schwächste Gesteinsstelle wirft, dort sofort Risse
erzeugt und ein grösserer Theil leer ausströmt. Der andere Nachtheil ist der, dass die losgerissenen Steinstücke eine zu grosse
Anfangsgeschwindigkeit erhalten und demnach eine schon früher er-
wähnte gänzlich unnütze Wurfarbeit erzeugt wird. Ein richtig
wirkender Schuss soll, wie nicht oft genug hervorgehoben werden kann,
gar nicht knallen, d. h. keine Artilleriearbeit verrichten. Beim Gebrauche von Dynamit kann diesem üblen Verfahren der Arbeiter
vollkommen dadurch abgeholfen werden, dass ihnen nur die richtige
Patronengrösse zugetheilt wird. Diese Grösse wird bei guter
Wirthschaft von den Beamten für das jeweilige Gestein
vorher und nach der Theorie von Belidor bestimmt.

Dieser Mineurofficier fand schon 1725 bei den Versuchen von
la Fère, dass eine Ladung dann am besten ausgenützt wird, wenn
der Minentrichter einen sogenannten gleichseitigen Kegel
bildet, d. h. wenn er annähernd so gestaltet ist, dass seine Tiefe
gleich ist dem Radius der Basis des Kegels. Es lässt sich nämlich bei
diesem Verhältnisse, welches eine Böschung der Trichterwandung
von 45° bildet, theoretisch nachweisen, dass alsdann der Minentrichter
(Sprengkörper) ein Minimum von Wandfläche bei einem Maximum
des Volumens losscheert, welche Herausscheerung aus dem Gesteine
die Aufgabe des Sprengens ist. Diesen sogenannten gleichseitigen
Kegel, oder, bergmännisch gesprochen, diesen Normalschuss,
muss man nun in der Sprengpraxis dadurch zu erzeugen suchen,
dass man mit der Ladung so lange hinauf- oder hinabgeht, bis die

in Rede stehende Form durch die entstandene sogenannte N o r m a l -
l a d u n g erzeugt worden ist. Zu diesem Zwecke wird das Bohrloch
von der Tiefe *t* unter 45° in diejenige Wand gestellt, welche man
herausschiessen will. Alsdann erscheint der Sinus des Neigungs-
winkels α als die kürzeste Widerstandslinie *w* und der Inhalt *i* dieses
normalen Minetrichters ist

$$i = \frac{\pi \, \overline{w}^3}{3} = 1\cdot05 \; \overline{w}^3 = 0\cdot36 \; t^3.$$

Also ist bei e i n e r freien Gesteinsseite *i* = α *t³* oder α = 0·36.
Die Sprenggase erregen also eine Wellenkugel vom Radius *t*, d. h.
wenn alle Gesteinsseiten frei wären, so würde d i e s e l b e Ladung
eine Kugel vom Inhalte *i* = 4·2 *t³* zu zersprengen vermögen, oder
α = 4·2 bilden. Der Werth von α kann sich aber immer noch erhöhen, wenn der Stein über den Kugelinhalt hinaus cubisch oder
gar unregelmässig eckig gestaltet ist.

In der Sprengpraxis muss nun diese n o r m a l e L a d u n g
für verschiedene Lochtiefen *t* oder noch vortheilhafter für verschiedene kürzeste Widerstandslinien *w* (Vorgaben) im Vorhinein
und für jede Gesteinsclasse gerechnet werden.

Zu diesem Zwecke dient die Ladeformel, welche der französische Mineurofficier Lebrun nach den Versuchen des Megrigny
aufgestellt hat. Wenn *w* die bei der Erzeugung des gleichseitigen
Kegels beobachtete kürzeste Widerstandslinie und *l* die dafür nothwendig gewesene Ladung ist: so besteht, weil die Ladung dem
Sprengvolumen proportional sein muss und dieses Volumen durch
die dritte Potenz einer Dimension der stereometisch ähnlichen
Körper ausgedrückt werden kann, die Proportion $l : l_1 = \overline{w}^3 : \overline{w_1}^3$.
Eine für w_1 gesuchte Ladung l_1 ist daher durch

$$l_1 = \left(\frac{l}{w^3}\right) . \overline{w_1}^3 = g . \overline{w_1}^3 \quad \text{bestimmbar.}$$

Die Grösse von *g* wird der Ladecoëfficient genannt, welcher
für jede Gesteinsart verschieden sein wird. Dem österreichischen
General Lauer gebührt das Verdienst, die Werthe von *g* für die
drei Gesteinsclassen

fest . . . . sehr fest . . . . höchst fest
mit 0·1 . . . . 0·2 . . . . 0·3
durch ausgedehnte Probesprengungen als annähernd richtig ausge-
mittelt zu haben.

Es bedeutet daher die Vornahme von Probeschüssen und der Gebrauch der Lebrun'schen Formel und jener der Lauer'schen Coëfficienten eicen ganz bedeutenden Erfolg auf dem Gebiete der Wirthschaft auf dem Gesteine und kann derselbe ganz besonders beim Sprengen mit Dynamiten deshalb hervorragend ausgenützt werden, weil diese Sprengmittel direct in Patronenform erzeugt werden und in dieser in den Handel und zur Gebrauchsstelle kommen, also daselbst genau controlirt werden können.

9. Dimensionen der Bohrlöcher.

Die Erfahrung hat sofort beim Beginne der Sprengung mittelst Dynamit deutlich gelehrt, dass die Bohrlöcher für das Dynamit enger gemacht werden können als beim Gebrauche von Schwarzpulver. Der Durchmesser des Bohrloches ist immer eine Function der Ladegrösse, beziehentlich der Bohrlochstiefe. Bei dem Sprengen mit Schwarzpulver waren folgende Dimensionen des Bohrloches in Millimeter bei einer Lochtiefe in Centimeter nothwendig:

Tiefe in cm	Lochdurchmesser in mm	Mittelwerth in mm
$t = 30$ bis 50	$d = 27$ bis 33	30
$t = 50$ bis 80	$d = 33$ bis 40	37
$t = 80$ bis 120	$d = 40$ bis 50	45

Die Sprengungen mittelst Dynamit haben jedoch gelehrt, dass folgende Dimensionen vollkommen genügen:

Lochtiefen in cm	Lochdurchmesser in mm	Mittelwerth
$t = 30 - 50$	22 bis 25	24 mm
$t = 50 - 80$	25 bis 30	28 „
$t = 80 - 120$	30 bis 40	35 „

Bei der Sprengung mit Dynamit werden daher allein pro Meter Bohrloch 254, 460, resp. 628 cm^3 Ausmeisselung erspart.

Dieser Umstand ist für die Oekonomie der Sprengarbeit von ganz enormer Wichtigkeit. Es ist nämlich festgestellt worden,*)

---

*) v. Rŭiha. „Zeitschrift des Oesterr. Ingenieur- und Architekten-Vereines" 1888.

dass die Bohrfestigkeit der Gesteine, in Meterkilogrammen Arbeit pro Cubikcentimeter Bohrlochraum, gemessen an der Meissel-schneide, je nach der Gesteinsfestigkeit

bei mildem Sprenggesteine. . . . . rund 20 m/kg
. bei festem   „   . . . . „ 40 „
bei sehr festem Sprenggestein . . „ 80 „

beträgt.

Ein Arbeiter kann in einer Schicht 300 Calorien Wärme in nützliche Muskelarbeit umsetzen, er leistet also rund 127.500 m/kg Muskelarbeit. *) Von dieser wird nur ein bestimmter Theil auf die Meisselschneide übertragen, weil in Folge der Trägheit des Meissels etwa nur 0·6 und in Folge der schiefen Stellung der Bohr-löcher nach den Höfer'schen Versuchen **) ebenfalls nur etwa 0·6 als Nutzarbeit resultiren.

Der Nutzeffect der Muskelarbeit, gemessen an der Meissel-schneide, beträgt daher nur 0·6 × 0·6 = 0·36; also verlangt eine Bohrfestigkeit

von 20 m/kg pro 1 cm^3 Bohrlochraum 55 m/kg
„ 40 „   „ 1 „   „   110 „
„ 80 „   „ 1 „   „   220 „

Muskelarbeit des Häuers. Für jeden Meter Lochtiefe müssen daher bei dem Gebrauche von Schwarzpulver im

milden Gesteine . . 55 × 254 = 13.970 m/kg = ca. $^1/_9$ Tagewerk
festen   „   . . 110 × 460 = 50.600 „   = „ $^1/_2$ „
sehr festen Gesteine . 220 × 628 = 137.160 „   = „ 1 „

mehr und ganz nutzlos aufgewendet werden.

Thatsächlich hat schon v. Pischof bei den Comparativver-suchen im Buchenberger Bahneinschnitte constatirt, dass durch die engeren Bohrlöcher bei der Sprengung mittelst Dynamit pro Meter Bohrloch im Syenit $^1/_3$, im Quarz $^2/_3$ Tagwerke gegen die Loch-bohrung mit Pulversprengung erspart worden sind. Es bietet daher auch hier das Dynamit einen ganz bedeutsamen Vortheil gegenüber dem Schwarzpulver.

10. Die Anzahl der Bohrlöcher.

In Folge der viel grösseren Wirkung des Dynamits gegen das Schwarzpulver resultirt der weitere hervorragende Nutzen, dass zur Sprengung einer cubischen Einheit im gleichen Gesteine weit weniger Bohrlöchern nothwendig sind. Auch hierüber wurde schon

---

*) v. Rziha. „Zeitschrift des Vereines Deutscher Ingenieure", Berlin 1891.
**) „Oesterr. Berg- und Hüttenmännische Zeitschrift" 1884.

1869 durch die Sprengungen an der Wien-Brünner Eisenbahn constatirt, dass pro Cubikmeter Gesteinsauffahrung folgende Bohrlochlängen nöthig waren:

Gestein	bei Dynamit in m	bei Pulver in m
Mittelharter Syenit	0·7	1·1
Sehr fester Syenit	1 4	2·3
Sehr fester Quarz	1·6	3·4

also fast die doppelte Lochlänge, oder bei gleichen Lochtiefen die doppelte Lochentfernung.

Der Bau des Mont-Cenis-Tunnels wurde noch mit Sprengpulver bedient und war es nothwendig, das Stollenort von ca. 7 m^2 Fläche mit 70 bis 80 maschinell hergestellten Bohrlöchern für jede Attaque zu beschicken. Beim Baue des St. Gotthard-Tunnels und des Arlberg-Tunnels genügte trotz des viel festeren Gesteines für nahezu denselben Querschnitt eine Beschickung von 20—24 gleich weiten Löchern; also nur fast ein Viertel der früheren, auf welchen Umstand noch später zurückgekommen werden wird.

Die Ersparung an Bohrlöchern bei dem Gebrauche von Dynamit, gegen jenen von Pulver lässt sich auch theoretisch beweisen. Der Inhalt eines Sprengkörpers i in Cubikmetern für eine Lochtiefe t in Metern beträgt

$$i = \varkappa\, t^3$$

worin $\varkappa$ den Sprengcoëfficienten bedeutet und woraus deutlich d i e g a n z ü b e r a u s w i c h t i g e S p r e n g r e g e l hervorgeht, dass die Bohrlöcher, deren dritte Potenz das Volumen bestimmt, möglichst tief gemacht werden sollen. Dieser Coëfficient $\varkappa$ wechselt je nach der Gesteinsfestigkeit, je nach der Gesteinsstructur und je nach dem Gesetze der Gesteinsverspannung; denn in einem weiten Baue können die Risse weiter ausgreifen, als in einem engen, sehr verspannten Profile.

Dieses Gesetz der Gesteinsverspannung *) wurde 1858 bei dem Baue des in Grauwacke gelegenen Tunnels von Altena in Westphalen aufgefunden und lautet dahin, dass sich die Häuerleistungen L und L_1 für dasselbe Gesteinsvolumen und für dasselbe Gestein, nach den Wurzeln aus den Querschnittflächen der Baue F und F_1 ver-

---

*) v. Řiha : Centralblatt der Bauverwaltung 1866.

halten; also besteht die Proportion

$$L . L_1 = \sqrt{F} = \sqrt{F_1}$$

und demnach ist eine gesuchte Leistung für eine bestimmte Profil-
grösse im selben Gestein

$$L_1 = \left(\frac{L}{\sqrt{F}}\right) \sqrt{F_1} = k . \sqrt{F_1}.$$

Der Verspannungs-Coëfficient k bewegt sich nach den beim
Baue des Altenaer Tunnels in Westphalen und des Eisensteiner
Tunnels in Böhmen (1877) gewonnenen Aufzeichnungen zwischen den
Grenzen $k = 0.91$ und 1.01 für Grauwacke, beziehentlich für Gneiss.

Je nachdem nun die früher genannten Gesteins- und Bau-
verhältnisse vorliegen, wechselt die Grösse des Coëfficienten α beim
Gebrauche von Schwarzpulver und bei den sehr verspannten unterirdischen Bauten, zwischen $\alpha = 0.29 - 1.49$, also im Mittel 0.74.*)
Bei offenen Bahneinschnitten mit geringer Gesteinsverspannung
beträgt er nach Beobachtungen bei braunschweigischen Bahnbauten
$\alpha = 1.38$, und nach den Erhebungen im Quarze des Buchenberger
Einschnittes der Linie der Staatsbahn von Brünn nach Wien
$\alpha = 3.00$, im Mittel also für Bahneinschnitte $\alpha = 2.6$; demnach bei Tagebauten etwa viermal mehr, als in unterirdischen Bauen,
was die Praxis insoferne bestätigt, als die Gewinnungskosten in
einem und demselben Gesteine in der Regel bei bergmännischen
Bauen viermal grösser sind, wie in offenen Einschnitten.

Gegenüber diesen für Schwarzpulver geltenden Daten und
Erfahrungen zeigt nun das Sprengen mit Dynamiten auch hier
wieder einen bedeutenden Vortheil, dessen Grösse sich mit den
früheren Angaben deckt.

Im Eisensteiner Tunnel der Pilsen-Priesener Bahn wurde
nur mit Dynamit gesprengt; dort betrug $\alpha = 1.19$.

Im Bleiberger Bergbaue betrug bei den Comparativ-
versuchen nach den Detailangaben von Makuc

bei Pulver $\alpha = 0.59$,

„ Dynamit $\alpha = 1.05$.

Im Buchenberger Einschnitte im Quarz betrug nach den
Detailangaben von Pischof

bei Pulver $\alpha = 2.60$,

„ Dynamit $\alpha = 6.30$.

Alle diese Versuche lassen daher erkennen, dass α bei Dynamit
etwa doppelt so gross erscheint, wie bei Pulver.

*) v. Ráiha : Lehrbuch der Tunnelbaukunst, 1867.

Daher können, vorbehaltlich näherer Versuche, die Werthe von
α in der Formel

$$i = \alpha\, t^3$$

folgend angesetzt werden:

Bergmännische Baue		Tagebaue	
Pulver	Dynamite	Pulver	Dynamite
0·74	1·49	2·60	5·20

Hiernach bestimmt sich theoretisch die Anzahl der Bohrlöcher
für 1 m^3 Gesteinsauffahrung bei dem Gebrauche von Schwarzpulver

$$n = \frac{1}{\alpha\, t^3}$$

und bei jenem von Dynamit

$$n_1 = \frac{1}{2\,.\,\alpha\, t^3};$$

also erspart das letztere die Hälfte der Bohrlöcher von gleicher
Tiefe. Dieser Umstand ist für die Einführung des Dynamites dess-
halb mit ausschlaggebend gewesen, weil erfahrungsgemäss die Kosten
der Abbohrung der Sprenglöcher zwischen 50% und 80% der
gesammten Sprengkosten ausmachen.

11. Der Einfluss der Nässe.

Das Pulver besitzt die Eigenschaft, dass es in der Nässe
sofort verdirbt und unter Wasser nur in kostspieligen, vollkommen
dichten Schutzhüllen verwendet werden kann. Da aber jedes Gestein bergfeucht ist, so erscheint das Pulver für den Gebrauch im
Grossen, insbesondere beim Schachtabteufen und bei Wasserbauten
als ein sehr unzukömmliches Sprengmittel. Die Dynamite hingegen
sind durch längere Zeit gegen das Wasser ganz unempfindlich und
durch einfache paraffinirte Patronen gänzlich geschützt. In Folge
dessen sind daher ihre Vortheile auch in dieser Hinsicht gegen
das Schwarzpulver ganz Ausschlag gebend gewesen.

12. Die Stellung der Bohrlöcher.

Es besteht die alte Erfahrung, dass beim Sprengen mit
Schwarzpulver das Bohrloch nicht senkrecht in diejenige Gesteinswand

gestellt werden daıf, welche man herauszuschiessen beabsichtigt.
Denn in diesem Falle liegt das Bohrloch in der kürzesten Widerstandslinie und die verhältnismässig schwachen Pulvergase werfen
sich vorzugsweise nur auf den Besatz, so dass entweder, wie schon
hervorgehoben wurde, das Loch „auspfeift" oder günstigen Falls
nur ein ganz spitziger Minentrichter, also ein derartig kleiner
Sprengkörper tagt, welcher dem Werthe des Bohrloches ganz und
gar nicht entspricht.

Die Gesteinshäuer stellen daher solche sogenannte Einbruchs-
schüsse nach ihrer Faustregel, also ohne wissenschaftliche Erkennt-
nis der Gründe, stets unter 45 Grad. Indessen kommt in der
neueren Praxis ein Fall vor, wo diese Stellung nicht durchführbar
ist, nämlich bei dem maschinellen und forçirten Stollenbohren.
Hier müssen die Bohrmaschinen auf Gestellen liegen und können
die einzelnen Bohrlöcher aus Mangel an Zeit, Raum und Beschränkt-
heit der Maschinenlagerung nicht so schief gestellt werden, wie bei
einer Handbohrung. Die nothwendige Eile wiegt eben schwerer, als
die Oekonomie der Sprengarbeit. Vielmehr müssen die zahlreichen
Löcher vor dem Sprengungsacte alle mehr oder minder einer recht-
winkeligen Lage entsprechend, die Stollenbrust wie ein Sieb durch-
örtern. Aus dieser Procedur ergibt sich aber für das einzelne
Bohrloch ein sehr geringer Sprengkörper, wodurch wiederum der
Stollenfortschritt sehr beeinträchtigt wird. Diese Thatsache ist
besonders bei dem Baue des ersten Alpentunnels, dem des Mont-
Cenis, welcher zwischen 1861 bis 1870 noch mit Schwarzpulver
gesprengt werden musste, grell hervorgetreten.

Dort ergab sich die Nothwendigkeit, dass in jeder Bohr-
attaque, wie schon früher erwähnt, bis 80 Bohrlöcher siebartig
in den Stollenort gestossen werden mussten. Der einzelne Schuss
ergab eine mittlere Cubatur von nur $i = 0.108\,m^3 = 0.21\,l^3$. Bei
dem Baue des St. Gotthard-Tunnels, welcher 1872 begonnen
und schon mittelst Dynamit gesprengt wurde, erhöhte sich
trotz des viel festeren Gesteins die Grösse des Sprengkörpers sehr erheblich; denn ein im Mittel $1.15\ m$ tiefes
Bohrloch ergab $0.33\,m^3\,t$ im Durchschnitte; also stellte sich
$i = x\,l^3 = 0.4\,l^3$. Aehnliche Resultate bei forçirten, maschinellen
Bohrungen ergaben sich beim Gebrauche von Dynamit wie folgt:

Arlberg Westseite $i = 0.34\,l^3$

Mannsfelder Bergbau $i = 0.30\,l^3$

Dort, wo eine Forçirung des Stollens nicht stattfindet, sondern
wo nur mit einzelnen Maschinen gearbeitet wird, welche in jeweilig
günstigster Richtung in das Gestein dringen, erhöht sich auch bei
maschineller Bohrung sofort der Sprengeffect; so betrug beispiels-
weise für Dynamit im Bergbaue zu Ronchamp $i = 0.67\ t^3$, im
Schemnitzer Josefi-Stollen $i = 0\ 70\ t^3$.

Immerhin dienen aber diese obigen Angaben zur Beweis-
führung, dass bei forçirter Maschinenbohrung mit ungünstiger Loch-
stellung das Dynamit sehr erhebliche Vortheile bietet.

13. Die Manipulation.

Ein jeder Ingenieur, welcher noch die Zeiten des Schwarzpulvers mitzumachen Gelegenheit hatte, weiss den seit der Einführung des Dynamits eingetretenen günstigen Unterschied in der
Manipulation beim Sprengen sehr zu würdigen. Das Schwarzpulver
kam in Fässern an, wurde in verzinnte Blechkannen gefüllt und
gelangte so in die Handmagazine auf der Baustelle. Von dort
wurden wieder die Kannen zur Zeit des Ladens an die Spreng-
stellen getragen, und nunmehr musste in den Berg- und Tunnel-
bauen das Einfüllen der Ladung bei Licht besorgt werden. Diese
Einfüllung wurde bezüglich der Quantität im Bohrloche abgemessen,
und immer war die Flamme der Grubenlampe der unheimliche Be-
gleiter. Versagte ein Schuss, so bohrten an einsamen Orten die
Bergleute trotz alles Verbotes den Besatz aus, stiessen auf Quarz-
körner und erzeugten Unglücke. Die Schüsse wurden im Allgemeinen überladen und die Wirthschaft litt trotz aller Aufsicht ungemein.

Bei dem Gebrauche des Dynamites vereinfacht sich die Spreng-
manipulation dadurch sehr bedeutend, dass vom Hause aus, die den
Ladungen entsprechende Patronenform schon durch die Fabrikation,
durch die zweckmässige Verpackung und auf dem Baue durch die
Adjustirung der Zündschnüre, ohne welche Zurichtung der Schuss überhaupt nicht vorgenommen werden kann, erfolgt. Das Geschäft des
Ladens ist leicht controlirbar und sehr einfach zu besorgen; der Besatz
besitzt nicht mehr die alte Bedeutung, hat also auch nicht mehr die
alte Accuratesse nöthig und schliesslich gehört ein Versagen des
Schusses zu den allergrössten Seltenheiten. Da ausserdem die Regierungen aus socialpolizeilichen Rücksichten den Verbrauch des
Dynamites scharf controliren, so findet auch die Oekonomie des

Baues durch die entstandene grössere Ordnung eine wesentliche
Förderung.

14. Die Sicherheit.

Im Anfange der Einführung des Dynamites waren in Folge
der Neuheit der Sache mehrfache Unglücksfälle erfolgt, welche
neben der Wahrnehmung der ganz ungeheueren Gewalt dieses
Sprengstoffes sehr dazu beitrugen, dass derselbe als höchst gefähr-
lich bezeichnet wurde. Seitdem aber in allen Staaten die schärfsten
Verordnungen über Transport, Aufbewahrung und Gebrauch des
Dynamites erlassen worden sind, ist jene Ansicht der Gefährlichkeit verblasst. Insbesondere aber lässt sich geradezu
statistisch nachweisen, dass das Dynamit absolut nicht gefährlicher ist, als das alte Schwarzpulver. Zum Beweise dieser Behauptung kann aus der sehr
zergliederten Statistik der tödtlichen Verunglückungen bei dem
ausgedehnten Bergwerksbetriebe in Preussen, diejenige des Erz-
bergbaues deshalb gewählt werden, weil im Erzbergbaue das
Schiessen am häufigsten vorkommt und weil im Erzbergbaue
durchschnittlich die eingeübtesten Sprengarbeiter in Verwendung
stehen. Diese Specialstatistik reicht in Preussen bis zum Jahre
1867, also bis in die Zeit des Sprengens mittelst Schwarzpulver
zurück, weil das Dynamit erst im Anfange der Siebzigerjahre zur
massgebenden Einführung gelangte. Nach den officiellen Quellen*)
ergibt sich, dass pro 1000 allein beim Erzbergbaue beschäf-
tigte Arbeiter jährlich folgende tödtliche Verunglückungen speciell bei der Schiessarbeit vorkamen.

Im Jahre	1867	1868	1869	1870	1871	1872	1873	1874	1875	1876
von 1000 Arbeitern	0·104	0·167	0·117	0·091	0·119	0·047	0·193	0·162	0·095	0·037
im Jahre	1877	1878	1879	1880	1881	1882	1883	1884	1885	1886
von 1000 Arbeitern	0·141	0·150	0·133	0·178	0·129	0·195	0·055	0·056	0·149	0·223
im Jahre	1887	1888	1889	1890	1891	1892	1893	1894	—	—
von 1000 Arbeitern	0·031	0·186	0·117	0·101	0·059	0·045	0·062	0·065	—	—

*) Zeitschrift für das Berg-, Hütten- und Salinenwesen in dem preussischen
Staate.

Diese sehr wichtige Tabelle lehrt dreierlei. Erstens, dass auf glückliche Jahre immer unglückliche und umgekehrt folgen, so dass sich die Unerbittlichkeit des menschlichen Schicksales für grössere Zeitperioden in einem mittleren Ausmaasse erweist; zweitens, dass seit der Einführung des Dynamites die tödtlichen Verunglückuugen sich vermindert haben, denn für die Zeit des Schwarzpulvers von 1867 bis 1869 entfielen pro 1000 Arbeiter 0·130 und für die Zeit des Dynamites von 1870 bis 1894 aber nur 0·110 tödtliche Verunglückungen pro Anno; endlich drittens, dass seit 1890 bis 1894 eine auffällige Verminderung der Tödtungen, nämlich nur 0·067 eingetreten ist.

An diesen culturell sehr werthvollen Ergebnissen participiren mehrere Factoren. Zunächst derjenige der grösseren Vorsicht der Arbeiter gegenüber den furchtbaren Wirkungen des Dynamites. Dann die erleichterte und sichere Manipulation bei der Hantirung mittelst des Dynamites. Drittens die grössere Unempfindlichkeit des letzteren gegen die Entzündung; denn Dynamit brennt im offenen Raume und in kleineren Quantitäten gefahrlos an der Flamme ab und ist nur bei grossen Schlägen explodirbar. Das Guhr, Dynamit bedarf zu seiner Explosion einer Arbeitsquantität von 1 m/kg pro Quadrat-Centimeter Schlagfläche; die Gelatine beansprucht sogar 3·5 m/kg, und letztere ist gegen einen ruhigen Druck von 1000 kg pro Quadrat-Centimeter unempfindlich. Als vierter Factor welcher beigetragen hat, die grosse Sicherheit beim Sprengen mittelst Dynamit hervorzurufen, ist unbedingt die scharfe Bergpolizei anzusehen.

15. Die Gewinnungskosten.

Der Gebrauch des Dynamites hat die wichtige Gesteinsarbeit ganz ungemein verbilliget.

1. Die Comparativversuche im Buchenberger Syenite und Granite an der Wien—Brünner Eisenbahn haben diesbezüglich die folgenden Resultate ergeben. Die Aussprengung eines Cubikmeters Gestein kostete in Gulden österr. Währung:

Gestein	bei Schwarz- pulver fl.	bei Dynamit fl.	Ersparnis %
1. im mittelharten Syenit	2·82	1·84	34
2. im sehr festen Syenit und Granit.	7·04	4·10	42
3. im Quarz und Feldspath	15·95	8·77	45

Die Ersparnis wächst also erheblich mit der Festigkeit des Gesteines.

2. Auf den Braunkohlenwerken zu Voitsberg kosteten 100 Zoll-centner Kohlenhaufwerk, zu gewinnen beim Gebrauche von Schwarzpulver 3 fl. 93 kr., bei jenem von Dynamit 3 fl. 39 kr., also lieferte das letztere 14 % Ersparnis.

3. Die Abraumarbeiten in festgebackenem Kies und im Letten der Duxer Braunkohle kosteten pro Cubikmeter beim Gebrauche von Pulver 8·8 kr., bei jenem von Dynamit 5·6 kr., lieferten also 36 % Ersparnis.

4. Die umfangreichsten Comparativversuche, betreffend die Kosten der Sprengungen mit Pulver, Guhrdynamit und Gelatine hat der Bleiberger Bergwerksdirector M a k u c gemacht, welcher am 16. März 1870 d i e e r s t e n V e r s u c h e i m K r e m-n i t z e r B e r g b a u e i n U n g a r n d u r c h f ü h r t e und nebst v. Pischof der Mann ist, der in Oesterreich dem Dynamit in der Praxis aufhalf. Es liegen über diese umfangreichsten aller Comparativersuche aus den Jahren 1873, 1881 und 1892 folgende Schlussberichte*) vor. Mittelst Pulver wurden im Zeitraume von 1872 bis 1893, 510 m Sreckenlänge, mittelst Guhrdynamit 1814·5 m, und mittelst Neudynamit (Gelatine) 4127 laufende Meter Streckenlänge à circa 4 m² Querschnitt aufgefahren. Die gesammten Gewinnungskosten betrugen pro Cubikmeter Kalkstein und Bleierz

bei dem Pulver . . . . 4 fl. 40 kr.

„ „ Guhrdynamit . . . . . . 2 „ 34 „

„ der Gelatine . . . . 2 „ 12 „

Das Guhrdynamit sparte demnach gegen Pulver 47 %, die Ge-latine sogar nahezu 52 % der gesammten Gewinnungskosten.

5. In den Jahren 1868—1871 wurden im preussischen Bergbaue sehr viele Comparativversuche mit Schwarzpulver und Dynamit durchgeführt, über welche officielle Berichte vorliegen**) und wurde schon zu jener Zeit das Dynamit besonders bei dem Schacht-abteufen überall anstatt des Pulvers angewendet. Die ökono-mischen Resultate sind dabei insbesondere auf den Saar-brückener Staatsgruben grell hervorgetreten ; so kostete dort das Abteufen eines Lachter- (2·09m) Schachtes beim Gebrauche von

---

*) Oesterr. Zeitschr. für Berg- und Hüttenwesen 1893.
**) Zeitschrift für Berg-, Hütten- und Salinenwesen in dem preussischen Staate. Jahrgänge 1868 und 1882.

Schwarzpulver 170 Thaler, bei jenem von Dynamit 102 Thaler, was eine Ersparnis von 40 x darstellt. Auch wird in diesem Berichte hervorgehoben, dass die Wirkung des besten Extra-Schwarzpulvers zu jener des Dynamites wie 3 : 6$^1/_2$, also wie 1 : 2·2 constatirt wurde.

6. Auf der Grube Eureka in Nordamerika*) wurde im gleichen Gesteine constatirt, dass der Querschlagsbetrieb pro englischen Fuss Länge mit Pulverbetrieb 23·39 Dollars, mit Dynamit-betrieb aber nur 14·38 Dollars kostete, also gegen ersteren 38$^3/_4$ x erspart wurden.

7. Auf dem Richardschachte bei Saarbrücken kostete ein Cubik-meter Abteufung mittelst Schwarzpulver 9 fl. 70 kr., mittelst Dynamit aber nur 6 fl. 67 kr.; die Ersparnis betrug daher über 31 x.

8. Im Prudhonschachte in Böhmen kostete die Abteufung beim Schwarzpulver im Durchschnitte 19 fl. 80 kr., bei Dynamit nur 12 fl. 46 kr. pro Cubikmeter, also lieferte das letztere 37 x Ersparnis.

9. Nach dem „Bulletin de l'industrie mineral“ kostete im festen Schwefelkiese die Gewinnung eines Cubikmeters bei Schwarz-pulver 19·1 Frcs., bei Dynamit nur 13·3 Frcs.; es ergab sich also eine Ersparnis von rund 30 x.

Nach allen diesen Daten kann demnach die Ersparnis an Gewinnungskosten seit Einführung des Dynamites zu mindestens 33 x gegen das Schwarzpulver veranschlagt werden. Der finanzielle Nutzen, den das Dynamit bei dem Eisenbahn- und Bergbaue und im Wasser- und Strassenbaue herbeigeführt und diese Thätigkeit in der grossartigsten Weise mit gehoben hat, lässt sich aus Mangel an statistischen Daten gar nicht berechnen. Welche ungeheure Capitalien aber durch den neuen Sprengstoff erspart, oder mit anderen Worten, der Industrie und den materiellen Unternehmungen dafür zugewendet werden konnten, möge nur an einem Beispiele erläutert werden. Der Erzbergbau Preussens lieferte im Jahre 1894 auf 628 Gruben eine Erzförderung von 5,633.520 Tonnen mit einem Productionswerthe von 63,945.374 Mark. Rechnet man durch-schnittlich 30 x Ersparnis bei dem jetzigen fast allgemeinen Dynamitgebrauche, gegen das alte Schwarzpulver, so stellt sich allein für d i e s e n Erzbergbau und für dieses e i n e Jahr eine Er-

---

*) Berggeist 1873.

sparnis von rund 27·4 Millionen Mark heraus, welche in letzter Instanz den Consumenten, also der Steuerkraft des Staates zu Gute gekommen sind.

16. Der Zeitaufwand.

Die grössere mechanische Arbeit des Dynamites gegen das Schwarzpulver und die Ersparung an Bohrlöchern wie an Bohrlochscubatur bei gleichen Lochtiefen setzen sich in Zeitersparung bei den hochbedeutsamen Gesteins-Gewinnungsarbeiten um, wodurch der industrielle Effect der Unternehmungen ganz wesentlich gesteigert muss und insbesondere deren Intercalarzinsen ungemein herebgedrückt werden. Im Allgemeinen bestehen über diese Factoren drei summarische Erfahrungen:

a) Ein Stollen, eine Strecke oder eine Schachtteufung rückt in sehr festem Gesteine, bei Handarbeit und bei gleicher Belegschaft:

beim Sprengen mittelst Schwarzpulver höchstens 0·4 bis 0·6 *m*,

" " " Dynamit aber 1·0 bis 1·5 *m* im Tage vor; die Dynamitwirkung ist also bei solcher Handarbeit im Bergbaue etwa 2½mal rascher.

b) Im Eisenbahnbaue wurde in der Epoche des Schwarzpulvers bei mittlerem Gebirgsterrain immer eine Bauzeit von rund drei Jahren gebraucht. Heute, bei der Anwendung von Dynamit ist diese Bauzeit im Allgemeinen auf 1½ Jahre reducirt worden. Rechnet man in solchem Terrain den Kilometer eingeleisiger Eisenbahn zu rund 100.000 fl., so erfordern allein 100 *km* Bahn 10 Millionen Gulden Anlagecapital und drückt sich daher die Ersparung an Intercalarzinsen, zu 5% gerechnet, in der Höhe von

$$\frac{3 - 1\frac{1}{2}}{2} \cdot \frac{10,000.000}{20} = 375.000 \text{ fl.}$$

aus, welche dem Werke zu Gute kommen.

c) Die eiligen Querschläge im Bergbaue, deren Zahl und Länge mit der Tiefe der Gruben und mit dem Bestreben, an Schächten zu sparen, von Jahr zu Jahr wächst, werden gegenwärtig alle mit Bohrmaschinen und mit Dynamit betrieben. Wie sehr nun auch der Fortschritt des Maschinenbohrens an und für sich betrachtet, in den letzten Decennien gewachsen ist, so muss doch anerkannt werden, dass die nothwendige Eile des Betriebes bei dem Gebrauche des Dynamites gegen jenen des

Schwarzpulvers ebenfalls im Verhältnisse von mindestens 2 : 1
sich stellt, diese Werke also hiedurch eine immense Förderung
und Oekonomie erfahren.

d) Dasselbe gilt von einem der wichtigsten Factoren des Wirthschaftslebens der Gegenwart, nämlich von der Herstellung der
langen Alpentunnels. Ueber dieselben giebt bezüglich der Her-
stellungszeit und der Kosten die folgende Tabelle Auskunft:

Gegenstand	Mont-Cenis	St. Gotthard	Arlberg
Länge	12 233 Meter	14.800 Meter	10.250 Meter
Bauzeit	14 Jahre	9 Jahre	4 Jahre
Jährlich hergestellt . . .	881 Meter	1742 Meter	2568 Meter
Täglicher maschineller Stollenfortschritt auf beiden Seiten	4·54 Meter	6·38 Meter	10·86 Meter
Kosten pro Meter Tunnel	6131 Francs	4449 Francs	3843 Francs

Bei der Betrachtung dieser letzteren Zahlen ist nicht zu
leugnen, dass der Fortschritt des Maschinenbohrens und jener der
Wissenschaft und Praxis des Tunnelbaues ganz wesentliche An-
theile an den stufenförmigen bedeutsamen Errungenschaften in
Bezug auf Zeit und Geld genommen haben; allein es darf auch
der f ö r d e r n d e Einfluss des Dynamites speciell bei diesen Bau-
werken niemals übersehen werden, denn dieser tritt bei dem
Pulvergebrauche im Mont-Cenis gegen den Dynamitgebrauch im
St. Gotthard und Arlberge im Verhältnisse der Bauzeit im Betrage
von etwa 1 : 2 : 3 hervor.

Wir begegnen also ü b e r a l l dem grössten aller Culturmo-
mente, nämlich der Zeitersparnis im Ausmaasse von 1 : 2 bis 1 : 2½.

V. Ueberblick.

Die hier vorliegenden historischen und zahlenmässigen Beweise
über die culturelle und technische Bedeutung des Dynamites führen
zu folgenden Sätzen:

1. Die Erfindung des Dynamits war eine culturelle Forderung der
Zeit, welcher die chemische Wissenschaft eifrigst nachgekommen ist.

2. Seine Einführung in die Praxis war eine ungemein mühsame
und kostspielige Procedur.

3. Das Dynamit hat die Cultur durch Bekämpfung von Zeit und Raum, vermittelst grosser Herrschaft über das die Menschen überall behindernde Felsgestein enorm gefördert.

4. Das Dynamit hat das ganze Wirthschaftsleben der Völker potenzirt.

5. Es ist heute als eine geradezu unentbehrliche Sprosse in der Leiter anzusehen, auf welcher die Menschheit immer weiter emporsteigt.

6. Aus diesen drei letzteren Gründen muss die Dynamit-Industrie als eine der wichtigsten im modernen Staatsleben angesehen werden.

7. Der historische Aufbau der Arbeit auf dem Gesteine kennt keinen Stillstand.

Wien, im Juni 1896.

F. v. Rziha.